直播营销

主 编 何 洋 郭文根
副主编 蔡琳琳 黄 奕 林 雅
参 编 彭轩钰 刘菲菲 黄添娣 陈琛琛

电子工业出版社
Publishing House of Electronics Industry
北京·BEIJING

内 容 简 介

本书从市场变化入手，对直播营销进行了全面解读。全书包括 7 个项目：直播营销概论、直播营销的整体思路与设计、直播营销的策划与筹备、直播活动的实施与执行、直播营销的传播与发酵、直播营销的复盘与提升、运营与营销技巧，内容涉及消费者行为偏好、直播营销的产品策略、互动沟通、优化策略、借势借力、目标的制定和执行等，全书要点突出，概括性强。

本书可作为职业院校市场营销类、企业管理类、商务贸易类及电子商务类相关专业的教学用书，也可供直播营销的学习者和从业者参考使用。

未经许可，不得以任何方式复制或抄袭本书之部分或全部内容。
版权所有，侵权必究。

图书在版编目（CIP）数据

直播营销 / 何洋，郭文根主编. —北京：电子工业出版社，2024.4
ISBN 978-7-121-47662-4

Ⅰ. ①直⋯ Ⅱ. ①何⋯ ②郭⋯ Ⅲ. ①网络营销 Ⅳ. ①F713.365.2

中国国家版本馆 CIP 数据核字（2024）第 070864 号

责任编辑：陈　虹
印　　刷：涿州市京南印刷厂
装　　订：涿州市京南印刷厂
出版发行：电子工业出版社
　　　　　北京市海淀区万寿路 173 信箱　邮编：100036
开　　本：880×1230　1/16　印张：11.5　字数：265 千字
版　　次：2024 年 4 月第 1 版
印　　次：2024 年 4 月第 1 次印刷
定　　价：37.00 元

凡所购买电子工业出版社图书有缺损问题，请向购买书店调换。若书店售缺，请与本社发行部联系。联系及邮购电话：(010) 88254888，88258888。
质量投诉请发邮件至 zlts@phei.com.cn，盗版侵权举报请发邮件至 dbqq@phei.com.cn。
本书咨询联系方式：chitty@phei.com.cn。

前　言

直播起源于20世纪90年代，刚开始主要用于在线游戏和娱乐范畴。随着互联网技术的不断发展和智能手机的普及，直播逐渐成为一种全新的信息传播、生活分享和娱乐消费新形式。

近年来，直播的兴起受到了市场和用户的广泛欢迎。中国互联网络信息中心（CNNIC）于2023年8月发布的第52次《中国互联网络发展状况统计报告》显示，截至2023年6月，我国网民规模为10.79亿人，中国移动、中国电信、中国联通三家基础电信企业发展蜂窝物联网终端用户21.23亿户，网络直播用户规模达7.65亿人。越来越多的人参与到直播中，分享自己的生活，并在直播平台这个新兴产物中进行娱乐、消费。网络直播也已经成为各地宣传特色文化、拉动地方经济的有力工具。

本书遵循职业教育的教学理念，以"实用、够用、活用"为原则，从直播营销的基础概念，到直播营销的整体思路与设计、策划与筹备、实施与执行、传播与发酵、复盘与提升，到最后的运营与营销技巧，逐一剖析，通过大量的案例、示意图表来表述深奥的直播营销知识点，使学生能够较轻松地理解与掌握直播营销的基础知识和技能。

本书编写人员皆为市场营销教学中的一线教师，其中，何洋、郭文根担任主编。本书具体编写分工为：何洋编写项目一，刘菲菲编写项目二，林雅编写项目三，黄添娣编写项目四，黄奕编写项目五，彭轩钰编写项目六，蔡琳琳编写项目七，陈琛琛对接企业资源及协助全书审稿。

本书在编写过程中，参考了大量资料，走访了部分企业，特向有关单位和个人表示诚挚的感谢。

由于编者水平有限，书中疏漏与不妥之处在所难免，敬请有关专家、读者批评和指正。

编　者

目　　录

项目1　直播营销概论 ··· 1
　　任务1　直播营销的基础概念 ·· 2
　　任务2　互联网直播的发展历史 ·· 6
　　任务3　主流直播平台及特点 ·· 9

项目2　直播营销的整体思路与设计 ··· 12
　　任务1　个人直播与网红 ·· 13
　　任务2　直播营销目的分析技巧 ·· 15
　　任务3　直播营销的方式 ·· 24
　　任务4　直播营销的策略组合 ·· 27

项目3　直播营销的策划与筹备 ·· 33
　　任务1　直播营销策划基本要素 ·· 34
　　任务2　直播营销策划的执行规划 ·· 39
　　任务3　直播引流常见方法与技巧 ·· 57
　　任务4　直播间硬件筹备工作 ·· 63
　　任务5　直播平台设置及软件测试 ·· 72

项目 4 直播活动的实施与执行 ······ 76

任务 1 直播活动的实施及执行模型 ······ 77
任务 2 直播活动的开场技巧 ······ 78
任务 3 直播活动的运营技巧 ······ 81
任务 4 直播收尾的核心思路 ······ 93

项目 5 直播营销的传播与发酵 ······ 99

任务 1 直播传播计划拟订 ······ 100
任务 2 直播视频剪辑与传播方式 ······ 104
任务 3 直播软文撰写的 5 种技巧 ······ 109
任务 4 直播表情包制作的 4 个步骤 ······ 115
任务 5 直播粉丝的维护方法 ······ 117

项目 6 直播营销的复盘与提升 ······ 123

任务 1 直播复盘 ······ 123
任务 2 口碑营销：市场中最强大的力量 ······ 125
任务 3 直播效果的数据分析 ······ 130
任务 4 直播经验的总结技巧 ······ 143

项目 7 运营与营销技巧 ······ 148

任务 1 直播账号全方位打造技巧 ······ 149
任务 2 粉丝运营技巧 ······ 157
任务 3 主播的自我管理和直播技巧 ······ 168

项目 1

直播营销概论

【项目综述】

随着"互联网+"时代的到来，媒体的主流传播阵地已经从传统的报纸、电视、杂志、广播等渠道，悄然转移到微信、微博、贴吧、社群、抖音、直播等新兴媒体平台。中国互联网络信息中心（CNNIC）发布的第 52 次《中国互联网络发展状况统计报告》显示，截至 2023 年 6 月，我国网民规模达 10.79 亿人，较 2022 年 12 月增长 1109 万人，互联网普及率达 76.4%。移动互联网累计流量达 1423 亿 GB，同比增长 14.6%；移动互联网应用蓬勃发展，国内市场上监测到的活跃 App 数量达 260 万款，进一步覆盖网民日常学习、工作、生活。在物联网发展方面，三家基础电信企业发展蜂窝物联网终端用户 21.23 亿户，较 2022 年 12 月净增 2.79 亿户，占移动网终端连接数的比重为 55.4%，万物互联基础不断夯实。即时通信、网络视频、短视频用户规模分别达 10.47 亿人、10.44 亿人和 10.26 亿人，用户使用率分别为 97.1%、96.8% 和 95.2%。当前，我国数字经济发展成效显著。

近年来，我国的直播行业获得了长足的发展。不仅网友喜欢在网上观看一些直播内容，如游戏、影视、体育、真人秀等，就连品牌方、商家也开始在直播平台上进行一系列的营销活动。手机端上网和更高速的移动网络在很大程度上丰富了直播的场景，同时也给品牌带来了一种更加立体化的营销方式。而不同于微博、微信的图文形式内容，直播的传播方式可以从更加立体的角度，丰富地完成对品牌文化以及产品的全方位展示。

直播作为新时代全新的互动传播方式，带来了互联网全新盛会的同时，也开启了企业新兴传播媒介——直播营销。直播营销与传统营销相比，直播营销拥有全新视觉展示方式，不仅解决了传统营销展现单薄的问题，还为企业带来更全面的潜在客户，让企业的营销更加精准、丰富，更有成效。

▶▶▶ 直播营销

【项目目标】

知识目标

➢ 了解新时代直播营销的概念。

➢ 了解各大主流直播平台的特点。

➢ 了解直播营销在现代经济中的作用。

技能目标

➢ 能够清晰阐述互联网直播的发展缘由。

➢ 能够从根源上分析各大直播平台的共同点与各自特点。

➢ 能够自行分析直播营销的特点及优劣势。

情感目标

➢ 培养新时代直播营销基础观点。

➢ 培养各大直播平台直播特色思考理念。

【情境导入】

> 晓娅和阿琦是学校电子商务专业的应届毕业生,在毕业生招聘会中,他们同时被广州某科技有限公司录用,录用的岗位都是直播助理。为了尽快了解直播营销,晓娅和阿琦在接受岗前培训时狠下了一番功夫,通过咨询老师、网络搜索资料等方式,了解了现代直播以及直播营销的相关概念,深入学习了互联网直播的发展历史,以及现有各个主流直播平台的特点,为日后走上工作岗位巩固了基础知识。让我们跟着他们一起去了解什么是直播营销,直播营销有哪些优势,以及熟悉主流直播平台及其特点。

任务1 直播营销的基础概念

一、直播营销的定义

(一) 直播的概念

在直播的概念范畴中,与其他节目最大的不同就在于:直播的后期合成与播出是分不开的,是同时进行的。

网络直播大致分为两类:一类是在网上提供电视信号的观看,如各类体育比赛和文艺活动的直播,这类直播原理是将电视(模拟)信号通过采集转换为数字信号输入电脑,实时上传网站供人观看,相当于"网络电视";另一类是人们所了解的"网络直播":在现场架设独立的信号采集设备(音频+视频)导入导播端(导播设备或平台),再通过网络上传至服务器,发布至网址供人观看。

2G 时代的微博,3G 时代的微信,4G 时代的抖音,你幻想过 5G 时代的直播吗?直播在 4G 时代悄然开始兴起，但是大部分用户观看直播的时候，时常出现语音和视频不同步、视频卡顿的现象。不过，伴随着 5G 时代的来临，大家所经历到的以上问题都会迎刃而解，视频直播的延迟将会被大大缩短、主播与用户之间的互动性和个性化会得到更大程度的延展。再加上 AR/VR（增强现实/虚拟现实）等技术的加持，视频直播行业，终将迎来另一个春天。

而今迈进 5G 时代，互联网发展迅速，直播已经不是单纯的电视节目，而是广泛应用于发展迅速而且更加快捷的互联网（见图 1-1-1）。网络媒体自身还没准确抽象概括出网络直播的界定，为方便大家理解认知，参照传播学及电视现场直播的概念这里给网络直播下个简单的定义：在现场随着事件的发生、发展进程同步制作和发布信息，具有双向流通过程的信息网络发布方式。其形式也可分为现场直播、演播室访谈式直播、文字图片直播（见图 1-1-2）、视音频直播或由电视（第三方）提供信源的直播；并且具备海量存储，查寻便捷的功能。

图 1-1-1　5G 对直播行业的影响

在新时代传媒中，与电影这种单一的过去时空相比，电视直播可显现的时空既有现在时又有过去时，而网络直播除具备电视的两大时空之外还具有压缩时空的功能，如同步的文字直播、图片直播、赛事直播（见图 1-1-3）、手机直播和比分直播等各种直播频道和样式。

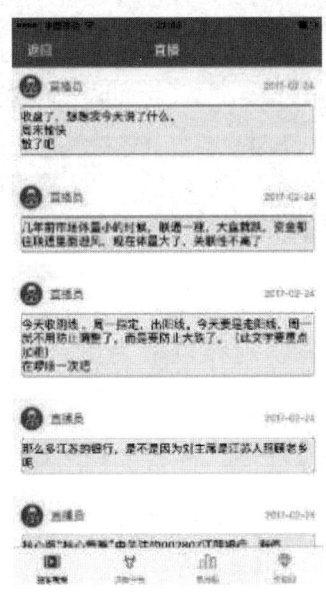

图 1-1-2　股票文字直播

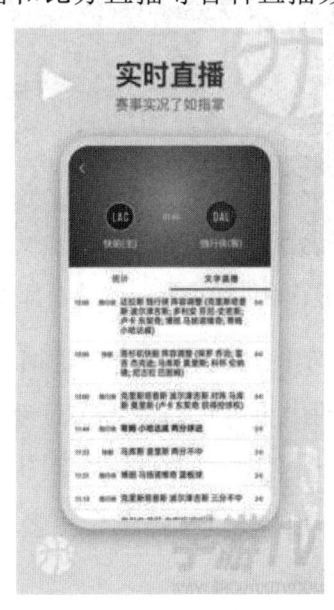

图 1-1-3　篮球比赛文字直播

▶▶▶ 直播营销

随着互联网技术的高速发展，直播也拥有了全新的发展，更多的人开始关注网络直播，特别是视频直播所产生的庞大的生态链更是备受关注，通过网络信号，在线收看体育赛事（见图 1-1-4）、综艺节目及其他重大活动与新闻等，这样，让大众减少了时间的不对等，更有了广阔且自由的选择空间。

图 1-1-4　篮球直播

2020 年春天，各行各业在经济、交通、交流等方面受到阻力的时候，互联网直播却迎来新一轮的春天，通过互联网直播大咖会集，带货成为焦点。一系列互联网数字化新技术加快走进乡村，涉农生产生活方式悄然发生改变。涉农产品开始通过尝试"直播带货"进行销售，相关职能部门也积极为这种销售模式大开绿灯（见图 1-1-5、图 1-1-6）。"宅经济"改变了城乡消费者的消费习惯，这一销售方式满足了新一代消费者的需求，农民生产生活方式在悄然发生改变。

图 1-1-5　广东省新供销消费帮扶助农直播 1　　　图 1-1-6　广东省新供销消费帮扶助农直播 2

直播分为文字图片直播和视频直播，传统电视台多以视频直播为主，如新闻类的《新闻联播》、演艺类的中央电视台《春节联欢晚会》。

而如今的移动互联网时代，文字图片视频皆可实现直播，图片直播平台有很多，而比文字、图片更加直观的视频直播平台更多，如侧重于直播生态链转化率的联盟直播、泛娱乐化的众多直播平台等。

（二）直播营销的概念

直播营销是指在现场随着事件的发生、发展进程同时制作和播出节目的营销方式，该营销活动以直播平台为载体，以达到企业获得品牌的提升或是销量增长的目的。

课堂小实训 1

【想一想】

在你日常接触的网站或手机 App 中，有什么场景跟直播有交集？你是否在直播中被带动了相关消费？那是怎样的一个场景？

【做一做】

1. 列举出生活中你接触过的 5 个直播平台，并找出它的特色。
2. 想一想，在平时接触的直播活动中，你能够想起哪些人？他们有什么出名的语句或者你能记住的他们的特征？

二、直播营销的特点

在传统的市场营销活动中，企业呈现产品价值主要依靠户外广告、新闻报道、线下活动等形式，企业实现价值交换则是借助推销员销售、自动售货机贩卖、电话下单与发货等方式。

而互联网直播的出现，给企业带来了新的营销机会。借助直播，企业可以在上述呈现产品价值环节支付更低的营销成本、收获更快捷的营销覆盖；在上述实现价值交换环节实现更直接的营销效果、收到更有效的营销反馈。

（一）更低的营销成本

传统广告营销方式的成本越来越高，楼宇广告（见图 1-1-7 和图 1-1-8）、车体广告（见图 1-1-9）、电视广告的费用从几十万到上百万不等。网络营销刚兴起时，企业可以用较低的成本获取用户、销售产品；但随着淘宝、百度等平台用户增加，无论是搜索引擎广告还是电商首页广告的营销成本都开始变高，部分自媒体"大号"的软文广告甚至超过 50 万元。而直播营销对场地、物料等需求较少，是目前成本较低的营销形式之一。

图 1-1-7　楼宇外立面广告

图 1-1-8　楼宇内部显示屏广告

图 1-1-9　公交车车厢外广告

2016年5月25日晚，小米公司举办了一场纯在线直播的新品发布会，通过十几家视频网站和手机直播 App，以及自家的"小米直播"App 发布了其生态链产品小米无人机。采用这种线上直播的形式，无须租借会议酒店，无须准备户外宣传，无须进行大型会场布置，所花费的成本仅十余台手机的费用而已。

（二）更快捷的营销覆盖

用户在网站浏览产品图文或在网店翻看产品参数时，需要在大脑中自行构建场景。而直播营销完全可以将主播试吃、试玩、试用等过程直观地展示在观众面前，更快捷地将用户带入营销所需场景。

（三）更直接的营销效果

消费者在购买商品时往往会受环境影响，由于"看到很多人都下单了""感觉主播使用这款产品效果不错"等原因而直接下单。因此在设计直播营销时，企业可以重点策划主播台词、优惠政策、促销活动，同时反复测试与优化在线下单页面，以获得更好的营销效果。

（四）更有效的营销反馈

在产品已经成型的前提条件下，企业营销的重点是呈现产品价值、实现价值交换；但为了持续优化产品及营销过程，企业需要注重营销反馈，了解消费者意见。由于直播互动是双向的，主播将直播内容呈现给观众的同时，观众也可以通过弹幕的形式分享购买体验。因此企业可以借助直播，一方面收到已经用过产品的消费者的使用反馈；另一方面收获现场观众的观看反馈，便于下一次直播营销时修正。

互联网直播行业的发展已经超过10年，由于直播营销具有更低的营销成本、更快捷的营销覆盖、更直接的营销效果、更有效的营销反馈等特点，预计未来会有更多的企业开始借助直播进行营销推广。

任务2　互联网直播的发展历史

一、网络直播的社会环境

自2000年后，随着网络时代的到来，电视直播逐渐被网络直播取代，成为"直播"的代名词。随着网络技术的不断发展,"直播"已经成为商贸流通企业的标配,传统线下销售模式受到冲击,线下店铺经营受阻,企业纷纷试水"网络直播",网络直播成为线下店铺的销售工具,网红带货、店主直播、导购直播等多样化的网络直播形式纷纷涌现。当下,直播已经发展成为新时代的新产业,直播带货呈现极强的爆发性,正在创造一个千亿级的新市场(见图 1-2-1)。

中国直播电商行业发展历程及主要特点

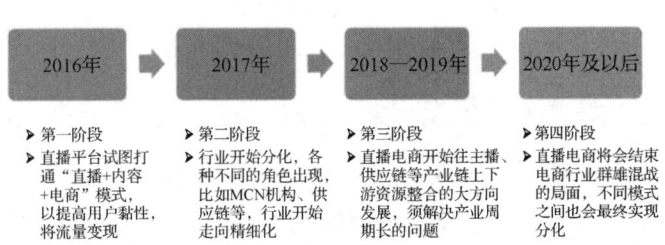

图 1-2-1　中国直播电商行业发展历程及主要特点

2017 年,中国网络直播用户规模达到 4.22 亿,年增长率达到 22.6%。2017 年 7 月,国家公共信息网络安全监察规定,网络直播中禁止出现文身、色情、低俗、暴力等不良行为,将开展专项整治工作,加强对网络直播平台的规范管理。

2018 年 2 月 28 日,全国"扫黄打非"办公室通报称,浙江、江苏、广东、湖北、福建、上海等地分别深入查办多起直播平台传播淫秽物品案件,打掉了一批制"黄"传"黄"的直播犯罪团伙。

2018 年 8 月,全国"扫黄打非"办公室会同相关部门联合下发《关于加强网络直播服务管理工作的通知》,部署各地各有关部门进一步加强网络直播服务许可、备案管理,强化网络直播服务基础管理,建立健全长效监管机制,大力开展存量违规网络直播服务清理工作。

2019 年 1 月 28 日,湖北省标准化学会和武汉市软件行业协会在武汉联合发布了《网络直播平台管理规范》《网络直播主播管理规范》。

2020 年 3 月,我国网民整体规模为 9.04 亿,而网络直播用户规模达 5.60 亿,较 2018 年底增长 1.63 亿。

2021 年 2 月 9 日,国家互联网信息办公室、全国"扫黄打非"工作小组办公室等七部门联合发布《关于加强网络直播规范管理工作的指导意见》,旨在进一步加强网络直播行业的正面引导和规范管理,重点规范网络打赏行为,推进主播账号分类分级管理,提升直播平台文化品位,促进网络直播行业高质量发展。

2021 年 4 月,国家互联网信息办公室、公安部、商务部、文化和旅游部、国家税务总局、国家市场监督管理总局、国家广播电视总局等七部门联合发布《网络直播营销管理办法(试行)》,自 2021 年 5 月 25 日起施行。

2023 年 6 月,中国互联网络信息中心(CNNIC)发布的第 52 次《中国互联网络发展状

图 1-2-2　中国网民规模

况统计报告》显示，截至 2023 年 6 月，中国网民规模已达 10.79 亿人，互联网普及率达 76.4%（见图 1-2-2）。

二、网络直播发展阶段

回顾近几年互联网直播的发展历程，从直播行业兴起到现在，大体分为以下 5 个阶段。

1. PC 端秀场直播时代

从 2005 年开始，各大视频网站展开流量大战。其中"六间房直播""9158 直播"都是以美女主播为卖点发展起秀场直播的聊天室。而 YY 从语音软件进军秀场直播领域，开创了网红流水线模式。2010 年，六间房转型为签约主播的秀场模式。那个时代的末尾，尽管智能手机逐渐走向普及，4G 也在萌芽，但大部分用户的碎片化时间还集中在 PC（个人计算机）端。

在 2009 年、2011 年，"美丽说""蘑菇街"相继上线，二者是以内容为驱动的导购社区，用户可以推荐、分享、评论商品，同时可以将自己发布的，或者感兴趣的图文内容转发到微博、QQ、豆瓣等流量更大的社交平台。

2. 游戏直播时代

2014 年，YY 剥离游戏直播业务成立"虎牙直播""斗鱼直播"，从 AcFun（弹幕视频网）独立出来。游戏直播的用户黏性更高，而且游戏直播的时效性和观赏性更加优秀。随着手机直播的萌芽，PC 端的用户已经呈下降趋势，更多的用户流向了以手机为主的移动平台。

3. 移动直播时代

2015 年末，"映客""花椒""易直播"等手机平台的加入，使得网络视频直播系统的应用场景更加多元化。技术瓶颈的打破，不再使游戏直播"一家独大"，也让泛娱乐领域加入了直播，且逐渐成为发展趋势。这样的创新意味商业模式在拓宽，盈利模式也发生了改变。

2016 年 5 月，"淘宝"开通直播。

2018 年，短视频平台兴起一股卖大虾（见图 1-2-5）、卖玉石的热潮，主播依靠原本的内容和粉丝积累，一时间卖得热火朝天。

2018 年 6 月，"快手"牵手"有赞"，发布了"短视频电商导购"解决方案。主播可以在快手平台开店，全部交易均在快手平台完成。

4. VR 直播时代

VR 直播时代存在的时间比较短，属于"昙花一现"。VR 技术的兴起，让直播行业也趁机插了一脚。以"微鲸科技"为代表，力推 VR 体育直播，2016 年以花椒直播为代表，在北京某次车展直播中，融入了 VR 技术。虽然 VR 直播的优点比较明显：拥有

图 1-2-5　大妈卖大虾直播

沉浸式体验，可以提高用户兴趣和互动效果。但短板也同样突出：一是无论在开发上还是在使用上，技术成本比较高；二是部分用户无法适应 VR 技术可能带来的 "眩晕感"，而且这部分用户的量级还不能忽视。所以 VR 直播最终没能普及。

5．"直播+"时代

"直播+"时代也是现在我们所处的时代，网络视频直播系统进入全新的发展环节，除传统直播行业外，以快手平台为代表的短视频平台开始发展直播业务；游戏直播领域开始大力发展虚拟主播和"云游戏"业务，用于进一步提高用户黏性；一对一直播的兴起，为越来越多的直播用户提供了私密空间，也使主播的入驻门槛更低，还让更多的行业看到了额外的道路（一对一心理辅导、一对一财经直播间等）。可谓百花齐放，这也是未来网络视频直播系统的重点发展方向。

发展到目前，我国已经有几百家互联网直播公司，基本覆盖了直播的各个领域，而在所有的直播当中，资讯直播正在成为媒体融合的重要方向和新热点。

2020 年春，电商直播成为各行业的救命稻草。于是，线下商场、实体书店的柜姐、店员统统变身成为电商主播，企业老板亲自下场带货，著名演员、政府官员也走进了直播间。电商直播由此百花齐放。在行业幕后，超过 20 亿的资金投入了将近 40 多家电商直播企业，有实力的网红孵化机构已经上市。在北京、上海、广州、杭州等地，电商直播基地已经初具雏形。

课堂小实训 2

【想一想】

在日常生活中，我们接触过哪些类型的直播？（体育、综艺、新闻）他们是怎样直播的？有什么不一样的地方？

【做一做】

根据你平时的浏览习惯，在你接触过的直播平台中找出两个不同方向、不同模式的，以列表的形式对比它们之间的不同。

任务 3　主流直播平台及特点

随着"互联网+"的到来，互联网技术飞速发展，网络直播平台由最初的电视端、PC 端发展到移动端直播。它的即时互动性、独特的展现方式等，受到了众多群体的关注和喜爱。直播既是一种新时代的信息传播方式，同时也是一种生活、娱乐、文化的态度。网络直播内容不断创新，方式不断发生变化，由最初的秀场直播到游戏直播再到如今盛行的泛娱乐直播。

一、综合类直播平台

目前属于综合类的直播平台有一直播、映客、花椒直播、QQ 空间等。其中较典型的是一直播。

"一直播"是小咖秀（北京）科技有限公司旗下的一款娱乐直播互动App，而小咖秀（北京）科技有限公司已经与新浪微博达成战略合作伙伴关系，因此"一直播"约等于新浪微博直播，新浪微博用户可以通过"一直播"在微博内直接发起直播，也可以通过微博直接实现观看、互动和送礼，"一直播"里面有明星直播、花边新闻、才艺展示、生活趣闻、聊天互动、唱歌跳舞等海量内容。"一直播"之所以包含丰富的直播类目，也是基于新浪微博用户本身的多样化属性。

二、游戏类直播平台

游戏类直播平台有着一定的专业门槛，以爱好游戏和在游戏方面有一定天赋的主播为主。因为直播内容的单一性和粉丝年龄段的问题，选择这类型的平台主要考虑平台粉丝总数量，平台的观众数对于游戏主播很重要。

三、秀场类直播平台

秀场类直播平台主要分为移动端和PC端平台，目前情况下相对而言移动端比PC端的秀场类平台发展得更好一些。这类型的平台主要以女主播聊天和唱歌为主，内容形式相对单一。这类型的平台内容形式包含于综合类平台中。

移动端直播平台有个特有的直播功能叫"附近的人"，这个功能对于新人主播来说很重要，排不到前面展示位的新人主播靠着这个功能也可以吸引很多粉丝。

秀场直播最初于2005年在国内出现，原型为网络视频聊天室，2009年后逐渐转变为以美女主播为核心的秀场模式。

秀场直播传统的收入来源为：打赏收入+增值会员。不同于游戏主播通常具有较高的签约费，秀场主播固定签约费相对较低，因此主播的收入主要来自观众打赏。由于秀场直播通常为女性才艺表演等，其诱导用户打赏的能力要远强于游戏直播。这种能力主要体现在用户付费的金额上，而不是付费率上。

秀场直播是主播展示自我才艺的最佳形式，观众在秀场直播平台浏览不同的直播间，类似于走入不同的演唱会或才艺表演现场。

四、商务类直播平台

与游戏、秀场等平台不同，商务类直播平台具有更多的商业属性，因此在商务类直播平台进行直播的企业，通常带有一定的营销目的。利用商务类直播平台，企业可以尝试以更低的成本吸引观众，并产生交易。

提到直播领域，肯定会有不少人想到各个直播平台以娱乐为主打的直播。其实，经过这些年的发展，直播市场已经细分，专门服务企业营销及企业文化建设的商务直播快速兴起，呈现良好势头。

商务直播吸取和延续了互联网的优势，利用视频方式进行网上现场直播，可以将产品展示、相关会议、背景介绍、方案测评、网上调查、对话访谈、在线培训等内容现场发布到互联网上，利用互联网的直观、快速、表现形式好、内容丰富、交互性强、地域不受限制、受众可划分等特点，加强活动现场的推广效果。

五、教育类直播平台

在线教育相比传统的线下教学是一种更具灵活便捷的教学方式，也让很多用户学员拥有更多的学习方式，而教培机构想要寻求更好的发展，当然也离不开传统教学内容的知识整合，以及网络支撑的在线教育直播平台。

（一）通信软件附带的教学直播类平台

"钉钉""飞书""企业微信"这三者都是有教学直播功能的，相对来说其直播功能不完善，都是一些很普通的设置，只能说是非专业的教学直播软件，但综合性比较强，因为它们本身就是一款通信软件，其直播功能只是顺带的。

（二）公众类的教育直播平台

"腾讯课堂""网易云课堂"，这两个也是拥有直播功能的，是比较专业的大众化教育直播平台，其模式就和淘宝类似，平台里面入驻了很多的教培机构和老师，相当于在平台上开一个店面，但需要公众教育直播平台分配流量，限制性会比较大。

（三）私有化的教育直播平台

自己搭建的教育直播平台称为"私有化的教育直播平台"，借助第三方网校系统搭建出来的平台，这种类型的教育直播平台，相对来说比较自由，能够打造自己的私域流量，不需要和其他人共享流量，没有限制性，在品牌推广上也比较容易做，因为有自己独立的域名地址，而且其教育直播平台上的功能会比较全面，如网校功能、学员功能、教学功能、题库功能、运营功能、营销功能等，能较好地辅助教培机构线上教学和网校运行。

课堂小实训 3

【想一想】

我们在日常生活中经常接触的是哪一些直播平台？想想它们有什么特点？我们日常观看的直播是哪些内容？平时我们身边的朋友都参与过什么样的直播？

【做一做】

随意两位同学搭配交流沟通，针对自己平时使用的直播平台，询问对方其内容及特性，相互交流心得，并记录。

项目 2
直播营销的整体思路与设计

【项目综述】

　　直播是向大众或者个人推销产品，推销的前提是我们要深刻地了解到用户需要什么，我们能够提供什么，同时还要避免同质化的竞争。因此，只有精确地做好市场调研，才能做出真正让大众喜欢的营销方案。

　　精确分析自身的优缺点。做直播，如果营销经费充足，人脉资源丰富，可以有效地实施任何想法。但对大多数公司和企业来说，没有足够充足的资金和人脉储备，这时就需要充分发挥自身的优点来弥补。一个好的项目不仅是人脉、财力的堆积就可以达到预期的效果，还要充分地发挥自身的优点，才能取得意想不到的效果。

　　营销能够产生好的结果才算是一个有价值的营销，我们的受众是谁？他们能够接受什么？都需要做恰当的市场调研，只有找到合适的受众才是做好整个营销方案的关键。

　　直播平台种类多样，根据属性可以划分为不同的几个领域。所以，选择合适的直播平台是关键。

　　做完上述工作之后，最关键的就在于最后呈现给受众的方案。在整个方案设计中需要销售策划及广告策划的共同参与，让产品在营销和视觉效果之间恰到好处。在直播过程中，过分的营销往往会引起用户的反感，所以在设计直播方案时，如何把握视觉效果和营销方式，还需要不断的商酌。

　　营销最终是要落实在转化率上，实时的及后期的反馈要跟上，同时通过数据反馈可以不断地修整方案，将营销方案的可实施性不断提高。

【项目目标】

知识目标

➢ 了解网络红人的 4 个时期。

➢ 了解直播产品分析的方法技巧。

➢ 了解企业营销的最终目标。

技能目标

➢ 能够准确地对直播间的用户进行分析定位。

➢ 能够掌握直播营销的方式并做出正确选择。

➢ 能够独立设计直播营销的方案。

情感目标

➢ 培养当代直播营销策划思维。

➢ 增强直播产品分析、直播方案策划的信心和兴趣。

【情境导入】

晓娅和阿琦顺利通过了公司的岗前培训考核,进入了试用期阶段,运营主管告诉他们,直播助理要认真负责好直播前后的准备工作。所以,晓娅和阿琦在接下来的工作中,关键是要把握好直播营销的整体思路,包括明确直播营销的目的、选择合适的直播营销方式,以及直播营销策略的组合。

任务1　个人直播与网红

随着互联网思维的传播,以网络红人为主的新经济快速成型,从最初的草根阶层发展到全民性运动,并引发了新的商业模式浪潮。在自媒体发展时代,个人价值多元化及经济结构的战略调整,无意中都为网络红人的经济模式提供快速发展的条件。根据微博最新的《网红经济发展洞察报告》,2018 年的网络红人的粉丝人数已经接近 5.9 亿,其中网红粉丝的年龄在 25 岁以下的超过五成。可以说,全国每 3 个人之中就有 1 个是某网红的粉丝。网络红人的市场规模已经成长到一个相当惊人的程度。

一、"网络红人"的 4 个时期

"网络红人"指在网络中因为某个事件或者某个行为而被网民关注从而走红的人。其"走红"通常因为自身的某种特质在网络作用下被放大,与网民的审美、娱乐等心理契合,刻意或无意地受到网民的追捧。"网络红人"与互联网的发展密不可分,从早期的文字、图片、视频,到现在的直播与短视频等,每个阶段都有具备鲜明特征的"网络红人"活跃在互联网上。

（一）"网络红人"1.0 时期

以文字为主的互联网时代，网络文学作者成为当时的"网络红人"。

中国互联网发展的最初阶段，由于带宽的限制，互联网体验仅停留在文字发布与阅读上，与之相应的是文学论坛的兴起。这个时期众多文学作者通过在互联网发表连载文学作品，被网友追捧成为"网络红人"。1997年，美籍华人朱威廉创办了文学网站"榕树下"，该网站坚持"文学是大众的文学"理念，倡导"生活·感受·随想"，使文学通过网络这一快捷的载体真正变成了大众的文学，同时也使许多爱好文学的人梦想成真。1998年台湾作家痞子蔡于BBS发表第一部小说《第一次的亲密接触》，风靡中国各大网站，引起全球华文地区的痞子蔡热潮，读者们纷纷向其邮箱写信表达自己的所读所想，由此痞子蔡现象也正式开启了网络红人发展的新时代。随后《七月与安生》、《悟空传》（见图2-1-1）、《武林外传》（见图2-1-2）、《天堂向左，深圳往右》等作品也纷纷通过网络文学的形式在互联网世界中崭露头角并红极一时。

图 2-1-1　悟空传

图 2-1-2　武林外传

（二）"网络红人"2.0 时期

在这一时期，特立独行、有个性、敢表达的人会成为"网络红人"。

图 2-1-3　个性图片

2000年前后，互联网带宽增加，图片得以在网络上流畅传输，互联网从充满想象的文字时代进入到丰富视觉的阅读时代。在这个时期，通过充满个性的图片或视频展示自我的人（见图2-1-3），会受到网民的追捧。这些网络红人的普遍特点是独具个性的风格，从而赢得网友的普遍关注。

（三）"网络红人"3.0 时期

这一时期，由于名人效应，一批"意见领袖""网络红人"出现。"意见领袖"是指在人际传播网络中经常为他人提供信息，同时对他人施加影响的"活跃分子"。随着微博、微信等产品的出现，越来越多的个体能够发出自己的声音并能及时传播，此时言辞犀利、见解独到的用户更容易成为"意见领袖"，更容易获得粉丝的关注，顺势成为"意见领袖"网络红人。

新时期的网红开始逐步转向专业化、平台化的操作模式,与此同时,"网红"的出现形式也日渐多元化和商业化。"网红"经济一度成为被人追捧研究的热词。通过互联网分享生活、传授知识、经验等的个人都有机会成为"网红"。

网络直播的参与门槛低,越来越多的网络直播主播通过幽默的语言、富有特色的才艺或独特的直播场景而逐渐被粉丝追捧,成为IP时代直播行业的新"网络红人"。

【想一想】

假如你有一位叫李夏的同班同学,喜欢瑜伽与舞蹈,在现阶段尝试哪种互联网形式,有可能会成为"网络红人"呢?

(1)拍摄瑜伽短视频。

(2)撰写瑜伽文章并发在博客上。

(3)进行"瑜伽一夏"映客直播。

(4)转发瑜伽高手的微博。

任务2 直播营销目的分析技巧

一、直播目的分析

任何一场直播营销都必须是围绕营销目的展开的,可以通过产品分析、用户分析、营销目标3个层面提炼(见图2-2-1)。

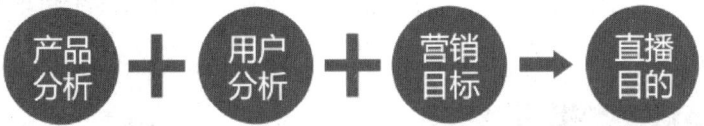

图 2-2-1 直播目的

首先,通过产品分析梳理出产品的优势与劣势,想方设法地在优势上做文章,并尽量避免在直播平台暴露产品劣势。

其次,借助用户分析挖掘出用户的需求,在直播策划时,围绕用户需求设计互动环节及主播的台词。

再次,在企业自身年度或月度目标中找到与直播最契合的关键点。企业的营销目标通常包括整体战略、阶段性目标、市场目标、销售目标等,而新媒体团队无法只通过一场直播就完成所有的营销目标,因此需要在直播营销策划前,找到企业营销目标的某个点,利用直播营销进行单点突破。

完成以上产品、用户、目标三方面的梳理后,新媒体团队需要紧密围绕这三方面要素,将直播目的用简要的语言概括出来,如"将产品的优势通过直播传达到用户,最终实现直播销售额的突破"等。

（一）直播产品分析

1. 从产品对商家的作用角度分析，直播产品分为四类

（1）引流款

引流的产品主要用于直播前期，为了引来更多流量，商家需要选择大众喜欢的、认知价格（人们认为该产品具备较高的市场价值）较高的、采购价格较低的产品，以帮助商家拉动流量。

（2）福利款

福利款主要用于福利活动，为吸引更多用户前来观看。不过，选品时要注意高性价比或高价产品。

（3）利润款

利润款主要是为拉动交易且单价较高的产品。商家也不可能一直做赔钱生意，这就需要选择一种既能提升 GMV、UV，又能拉动爆款来提升直播间流量的产品，同时还要保证有利润可赚。

（4）战略款

战略款即单价较高且利润较高的产品。对于这类产品，主播通常不会过多介绍，毕竟不是直播间用户的主流下单产品，但一旦交易成功，利润会很高。

2. 从产品角度分析，直播活动的产品通常分为两大类

（1）实物产品，如洗发水、手机（见图 2-2-2）、衣服、鞋子等；（2）虚拟产品，如软件、音乐 App（见图 2-2-3）、游戏等。对参与直播的产品进行分析，有助于理解产品价值并提炼产品优势，进而加深观众对产品的认识。

图 2-2-2　手机

图 2-2-3　音乐 App

3. 从"产品形态与成分""产品功能与效果"两个维度进行分析

产品形态与成分包括产品形状、产品尺寸、主要结构、构成成分等。例如，某款手机可能包括"超大屏""多种外壳颜色""陶瓷外壳"等优点；再如，某款护肤品，可能包括"纯天然""植物提炼""小体积便于携带"等优点。

产品功能与效果包括产品口味、容量、操作性能等。同样以手机和护肤品为例，某款手机可能包括"充电五分钟通话两小时（电容量大）""人性化的操作系统""一键拍照""自动美颜"等优点；再如某款护肤品，可能包括"美白""细腻""抗衰老"等优点。

需要强调的是,在进行产品分析并提炼产品优势时,必须结合"直播"这一环境,不能脱离直播去进行常规产品分析,即在直播平台,这款产品有哪些优势?毕竟由于场景不同,同样的产品特点,在线下的优势可能会成为直播平台的劣势。

(二)直播间产品讲解技巧

直播间的销售更多需要通过对产品的详细讲解,引导粉丝通过主播的介绍和分析加强对产品的了解,进而产生信任,然后在直播间下单。产品讲解的技巧也是关乎直播效果的重要环节,下面从两个方面拆解产品讲解的常见技巧。

1. 产品讲解要点

(1)需求引导——用户需求痛点和产品使用场景

围绕产品的特点,找出粉丝购买该产品之后能解决的最核心问题,以主播亲身经历及身边朋友的经历引入,可以拉近主播与粉丝的距离。同时,简单描述产品的使用场景,以使用场景中遇到的问题为重点介绍内容。如"怕胖又想吃甜食的人可以吃"(见图 2-2-4)、"晚上嘴巴闲着的时候可以吃"(见图2-2-5),都为大家提供了商品具体的使用场景。

图 2-2-4 吃不胖

图 2-2-5 零食随便吃

(2)产品介绍——材质、色彩、规格、成分、触感等

产品介绍包含但不限于产品外观设计、产品质地、使用方法、使用效果、使用技巧分享、产品成分、产品功效(见图2-2-6)、产品展示、使用感受、同类型产品对比等。

图 2-2-6 产品功效

(3)品牌介绍——品牌理念、产地信息

品牌介绍可以包括品牌创立和发展过程中有意义的新闻,可以是有关品牌创始人的,也

可以是发展过程中的重大事件，能体现品牌理念，以加强消费者对品牌的认知，增强品牌的吸引力。

（4）服务保障

服务保障主要是商家的物流发货速度、实际买家的真实收货感受、产品的退换货条件。

（5）凸显价值——核心卖点、用户评价、突出颜值和用户感受

（6）价格优惠

价格优惠重点强调产品的日常售价与直播间价格的对比优势，产品在直播期间的特殊促销政策。

2．产品讲解需要避免的错误

（1）不可脱离产品实际

主播一定不要为了订单，凭空捏造事实，产品宣传必须建立在实际基础上，不宜单纯刷好评（见图2-2-7）。

图2-2-7　刷好评

（2）能够说服用户

产品信息的传播同样也要参照受众，因此主播的言语要令受众易懂、便于记忆和便于二次传播，要用用户听得懂的语言去互动、售卖。

（3）不可偏离用户的心理诉求

产品的卖点不仅是为了促进下单，更是根据市场需求或者潜在需求而定，有其实际的使用价值。

（4）产品本身要贴近受众

产品本身的设计要有一定基数的受众，不然会对订单的数量有着必然影响。

【做一做】

以下是同一款产品的同一特点，请你分析在哪些场景中具备优势，在哪些场景中属于劣势？

（举例）手机超大屏：观看视频或在线聊天时更清晰，属于优势；出门携带不便于放入口袋，属于劣势。

（1）某品牌鸭脖辣味十足。

（2）衣服面料超薄。
（3）酒店位于郊区。
（4）自动挡汽车。

新媒体团队在进行产品分析后，需要提炼出产品关键词、产品亮点、产品性格，在直播策划时将产品信息巧妙地植入直播环节，以便于向直播观众传达。

首先是产品关键词，产品关键词通常会出现在主播口播中或直播道具上，因此需要用3~5个词组概括产品，如"新款""卫衣""红色"等；其次是产品亮点，产品亮点通常会出现在嘉宾试用分享、直播预热活动、直播后期发酵中，因此需要提炼产品在直播场景下的优势；最后是产品性格，产品性格需要与主持人或嘉宾的人物设定一致，如主打"呵护"的女性护肤品可以邀请暖男明星，主打"健康"的婴儿用品可以邀请奥运冠军、辣妈等。

【做一做】

以下产品适合寻找哪类明星参与直播？
（1）主打"快"的电商平台。
（2）主打"萌"的少女服装。
（3）主打"经典"的怀旧歌曲。
（4）主打"塑形"的健身中心。

二、直播用户分析

【案例分析】

因赛集团：如何低成本打造一个4.74亿次曝光的公益话题

近年来，打车软件一出现就得以迅速发展，几大低价打车软件颠覆了整个运输行业的服务模式。由于打车软件的市场份额大、营销力度强，价格优势明显，导致神州专车一直打不开市场。如何延续神州专车的"安全"卖点，并把该竞争优势放大？经过深入地洞察和分析，因赛集团用一种创新方式解决了这个难题，那就是从什么人坐专车最需要安全的思考，并洞察到了最需要安全且最受关注的一个特殊群体——孕妈。从"孕妈专车"这个备受关注的群体打造一个极具社会责任感的创新产品来吸引人们的关注。

"孕妈专车"分三个阶段导入人们的视线中：首先以明星为热点基础，顺势推出神州专车的平面，引发话题和关注；其次，以社会事件为主，联合传播，提升权威。2016年2月，神州专车与中国道路交通安全协会携手，厘定专车行业标准，以中国道路交通安全协会名义，发起一场纯社会公益性活动"关注孕妈出行安全"进行预热，并在同时期推出H5加大热度。最后，用一个聚焦针对孕妈的视频，圈住了"孕妈专车"核心用户，建立起情感联系，用最真实的洞察圈住最核心的用户（见图2-2-8）。

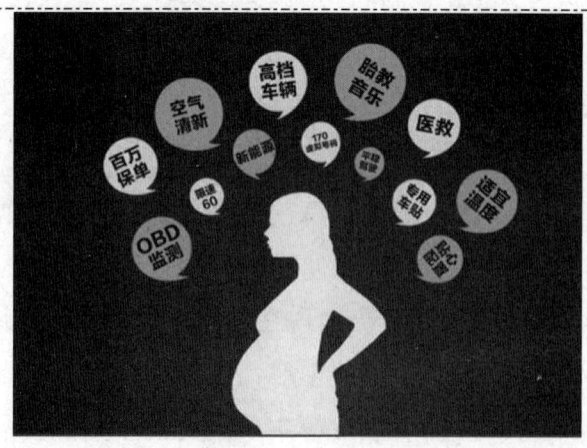

图 2-2-8　孕妈专车

"孕妈专车"营销不仅得到了广泛讨论和关注,引发人们的深思,还实现了社会责任感及安全感的双赢效果。"孕妈专车"分三个阶段导入,并在第三阶段达到高潮,引爆全网对孕妈专车的关注和热议。本次视频在微博话题榜上共获得了 3 233.6 万次阅读,2.4 万评论,当日登上话题榜第 3 名;在百度搜索的百度指数上,话题搜索量共有 5 211 次;在各大视频的播放数也不断地刷新纪录,在腾讯上有 352.4 万次播放,秒拍上有 351 万次播放,优酷上有 35 万次播放。在新媒体微信大号上发布的文章阅读量,获得了超过 120 万次的阅读量。其中孕妈专车视频发布当天,单日浏览量即突破 700 万次,发布一个月内,浏览量近 5 亿次。

企业直播营销需要对用户进行分析,主要有两方面原因:一方面,直播平台的可选择性强,不吸引用户注意力的直播用户会直接关闭,继而选择观看其他直播;另一方面,为了达到营销目的,新媒体团队必须想方设法让用户按照主持人的引导去下单或分享,而巧妙地引导来自对用户的分析与判断。

1. 用户分析主要由两部分组成,包括用户属性特征分析及用户行为特征分析

(1) 用户属性特征分析

用户属性特征是用户分析的基础,而用户属性特征又包括固定属性及可变属性。

固定属性特征,即伴随用户一生的固定标签,如"男性"(见图 2-2-9)"出生于北京""汉族"等。可变属性特征,即短时间内用户保有的特定标签,"未婚""月收入 5 000 元人民币左右""本科学历"等。

图 2-2-9　男性

（2）用户行为特征分析

策划一场好的直播营销，需要分析用户的行为特征，然后反向模拟用户行为路径，并在用户的每一步行为过程中设计营销卖点。此处的用户行为特征分析特指直播场景下用户的行为特征。新媒体运营团队需要列出用户参与过程中可能会涉及的一系列动作，因为每一个动作都会影响最终的营销效果。

用户在互联网活跃的位置会直接决定直播前期广告投放位置，新媒体团队必须将有限的资源投放在用户数更多的网站。用户的社会角色直接决定直播稿的风格，如"60后""70后""80后""90后""00后"及"10后"，通常会有不同的用词习惯及语言风格。

有效地分析用户并有针对性地设计直播，有助于在直播过程中采取更好的沟通策略，从而达到期望的效果。

2. 用户消费心理分析

消费者观看直播的5种消费心理。

（1）实用型消费。看"网红"直播，不仅可以节约自己选择的时间成本，还可以用更低的价格（如使用优惠券）买到更优质的商品（见图2-2-10）。这种消费心态在直播最初兴起的淘宝平台是最多的，后来的蘑菇街直播购物也是这种心态的受众较多，节约时间和买到更便宜价格的商品是消费者的两大诉求（见图2-2-11）。

图 2-2-10　使用优惠券省钱　　　　图 2-2-11　网购省时间

（2）社会交往型消费。这类消费不仅是为了实用性，也是为社交需要和分享而看直播，进而产生购买行为。看"网红"直播电商可以获得相关商品信息，了解"网红"是如何介绍商品特点的同时，也可以了解其他人是如何议论商品的。在电商直播过程中可以通过发送弹幕与主播和用户进行互动。通过直播获取的信息也能够在其他场合中参与相关话题的交流，在完成购物后也可以和朋友分享经验。

（3）粉丝型消费。价格、适用性等商品属性不是这类消费的主要目标，更多的受众是因为追星而成为直播平台用户，进而成为消费者。如某著名企业家在抖音首次直播带货，利用他的人气和影响力，在持续3小时的直播中，支付交易总额超1.1亿元，累计观看人数超4 800万人，创下抖音直播带货的新纪录。

（4）场景型消费。逛街是线下的一种生活方式，即使不买什么，也被一些人当作一种乐趣。

图 2-2-12　虚拟逛街

观看网红直播带货,可以看作是在虚拟网络空间的一次"逛街",用户进入"逛街"场景之中,即使不买什么,同样可以感觉到"虚拟逛街"的乐趣。直播是现实生活场景的一个构成部分,有时间就看看,不在乎下单数量,而着力于营造网上"逛街"的气氛(见图2-2-12)。

(5)情感型消费,指基于特定情感而产生的购物行为。如一些平台推出帮助湖北农产品销售的直播活动,收获了广大网民的支持。如央视主持人和"网红"主播共同做了一场名为"谢谢你为湖北拼单"的网络直播,累计卖出价值 4 014 万元的湖北商品。抖音"市长带你看湖北"活动首场直播,武汉市政府领导走进抖音直播间,向网友介绍武汉的情况,并推介良品铺子、蔡林记等知名湖北企业产品,当日销售额达 1 793 万元。

(6)攀比心理消费

直播平台设立的 PK 模式就是充分利用了部分消费者的攀比心理。PK 模式中是两方或者更多方的主播一起进行礼物的比较,当潜在消费者看见自己所喜欢的主播进行 PK 时,是会有种不能输的潜意识在涌动着促使你消费。

除了我们生活中常用的电商平台开始直播带货,一些短视频平台也已经在这一领域进行了布局。如抖音、快手等短视频平台在直播电商领域,凭借平台自带的大流量,大大拓展了直播电商的内涵。目前的直播电商消费模式正在从"物"的维度扩展到"人"或"事"的维度,从单纯的经济现象演变为一种文化现象。

对于直播电商来说,商品本身的价值不再是消费者主要关注的对象,消费者更在意的是体验直播过程的快感和愉悦。粉丝看直播不在于"网红"说了什么、做了什么,他们享受的是与网红在一起的愉悦;粉丝购买一些商品,在外人看来没有实用价值,但在粉丝看来"喜欢就值得买";喜欢场景消费的人不是为了某一个直接目的而看两三个小时的直播,而是在享受一种场景的体验;情感消费也是如此,是一种内在同理心驱动。

三、企业营销目标

直播营销的目标必须结合该企业新媒体营销的整体目标,而企业的新媒体整体营销方案又必须依托于企业的市场营销总目标。因此,在进行直播营销目的分析时,必须结合企业自身的营销目标而设定。

在同一个直播平台,不同的企业会有不同的营销目标;同一家企业,在不同阶段也会有不同的营销目标。因此,与直播营销对应的企业营销目标并非一成不变。新媒体团队在每次直播活动的策划前都需要进行专门的目的分析,尤其是结合企业自身的营销目标,否则一切设置就好像是在"闭门造车",无法给企业带来实际效益。

结合 SMART 原则,在梳理企业自身的营销目标时要尽可能科学化、规范化、明确化(见图 2-2-13)。

"SMART 原则"不仅可以帮助新媒体团队成员更加明确高效地工作,还可以使新媒体负责人对团队成员的工作有更清晰的认识，并对其工作结果的评判更公平、公正。

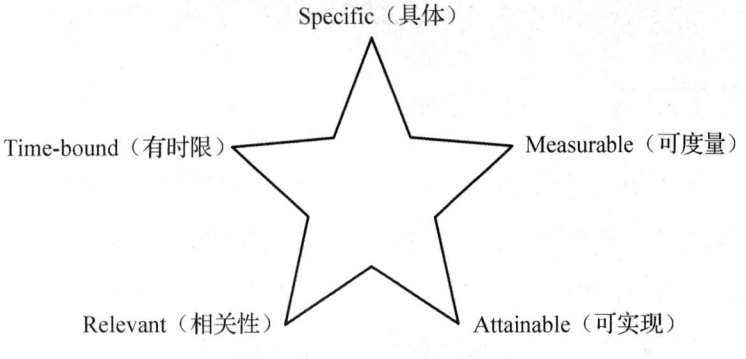

图 2-2-13　SMART 原则

（1）具体指目标切中特定的营销指标，如"用直播营销提升口碑"就不是具体目标，而"借助直播营销提升企业大众点评星级、京东店评价及百度知道好评"则是具体的。

（2）可度量指目标是数量化或者行为化的，如"利用直播实现销售额猛增"就不是可度量的目标，而"利用直播平台实现 100 万元销售额"则是可度量的。

（3）可实现指目标在付出努力的情况下可以实现，避免设立过高或过低的目标，如上一次直播有 3 万人参加，这次将目标设定为"100 万人参加"就是不可实现的，而"5 万人参加"向"9 万人参加"等提升 2～3 倍的目标是可实现的。

（4）相关性指目标与新媒体工作的其他目标是相关联的，如新媒体本身就有网站运营、网店推广、微信公众号运营等职能，直播目标设置为"网站流量 24 小时内提升 80%"是有相关性的，而"产品生产合格率由 85% 提升至 90%"是没有相关性的，直播无法帮助生产部门提升合格率。

（5）有时限指完成目标的特定期限。直播结束后，传播与发酵的时间通常不超过一周，其中 80% 左右的销量来自直播当天。因此"借助直播实现新品销售 5 万件"是没有时限的，而"直播结束 48 小时内新品销售 5 万件"是有时限的。

直播开始前，需要将企业营销目标按照 SMART 原则准确地提炼出来，这样才能达到最佳的直播效果。

【做一做】

对照 SMART 原则，以下直播目标的表述有问题吗？如果有，主要违背了哪几项原则？

（1）直播当天微信粉丝增长 3 000 个。

（2）直播网站粉丝过万。

（3）用直播卖手机。

（4）用直播提升生产效率。

（5）借助直播提升产品人气。

任务3　直播营销的方式

一、直播营销的基本方式

为了吸引网友观看直播，新媒体团队需要设计最吸引观众的直播吸引点，并结合前期宣传覆盖更多网友。根据"直播吸引点"划分，直播营销的常见方式共 7 种，包括颜值营销、明星营销、稀有营销、利他营销、才艺营销、对比营销和采访营销。企业在设计直播方案前，需要根据营销目的，选择最佳的一种或几种营销方式。

（一）颜值营销

直播经济中，"颜值就是生产力"的说法已经得到多次验证。颜值营销的主持人多是帅气靓丽的男主播或女主播，高颜值的容貌吸引着大量粉丝的围观与打赏，而大量粉丝围观带来的流量正是能够为品牌方带来曝光量的重要指标。

（二）明星营销

明星经常会占据娱乐新闻头版，明星的一举一动都会受到粉丝的关注，因此当明星出现在直播中与粉丝互动时，会出现极热闹的直播场面。明星营销适用于预算较为充足的项目，在明星筛选方面，尽量在预算范围内寻找最贴合产品及消费者属性的明星进行合作。

在戛纳电影节上，赞助商欧莱雅全程直播了该品牌几位代言人在电影节现场的台前幕后，尤其是化妆阶段。其中，欧莱雅的各种产品随着明星出镜，比如水光气垫 CC、水凝保湿、化妆包等。

某明星在专访中也"尽职"地介绍了自己"出门必备"的美妆产品。直播 4 小时后，该明星同款唇膏在欧莱雅天猫旗舰店就卖光了。

（三）稀有营销

稀有营销适用于拥有独家信息渠道的企业，其包括独家冠名、知识版权、专利授权、唯一渠道方等。稀有产品往往备受消费者追捧，而在直播中稀有营销不仅仅体现在直播镜头为观众带来的独特视角，更有助于利用稀有内容直接拉升直播室人气，对于企业而言也是最佳的曝光机会。

（四）利他营销

直播中常见的利他行为主要是知识的分享和传播，旨在帮助用户提升生活技能或动手能力。与此同时，企业可以借助主持人或嘉宾的分享，传授关于产品使用技巧、分享生活知识等。利他营销主要适用于美妆护肤类及时装搭配类的产品，如淘宝主播经常使用某品牌的化妆品向观众展示化妆技巧，在让观众学习美妆知识的同时，增加产品曝光度（见图 2-3-1）。

例：让宜家帮你改造厨房

瑞典家具品牌宜家与 MEC 娱乐公司合作，在美国 A&E 电视台曾开辟了名为"改造我家厨房"（Fix this Kitchen）的实境节目。在每一集约 30 分钟的节目中，制作单位会从主动报名的观众中，挑选适合改造的家庭，并观察他们的生活习惯，再由主持人和知名主厨，在五天内为这一家人打造专属的厨房。每一集的节目中，制作单位都运用宜家产品，为一家人带来翻天覆地的大改造，也细心地介绍相关产品特色，可以让生活更便利，即使观众都清楚节目是由宜家赞助制作的，但实用的信息仍满足了消费者迫切的需求。根据 Latitude Research 的调查，在收看过节目的观众中，60％认为宜家提供高质量产品，也有高达三分之二的人在改造厨房时，会考虑造访宜家，而这个节目也更直接地让宜家在线厨房设计软件的使用量提升了 30％。

（五）才艺营销

直播是才艺主播的展示舞台，不论主播是否有名气，只要才艺过硬，都可以带来大量的粉丝围观，如古筝、钢琴、脱口秀等（见图 2-3-2），通过直播可以获取大量喜爱该才艺的忠实粉丝。才艺营销适用于围绕才艺所使用的工具类产品，比如古筝才艺表演需要使用古筝，制作古筝的企业则可以与有古筝使用技能的直播达人合作，如某花椒主播就经常使用某品牌琵琶进行表演。

图 2-3-1　化妆品直播

图 2-3-2　才艺展示

（六）对比营销

有对比就会有优劣之分，消费者在进行购买时往往会偏向于购买更具优势的产品。当消费者无法识别产品的优势时，企业可以通过与竞品或自身上一代产品的对比，直观展示差异化，以增强产品说服力（见图 2-3-3，图 2-3-4）。例如，某主播在测评手机时，经常会用 iPhone 作为参照标杆来评测手机性能。

图 2-3-3　不同价格产品质量对比

图 2-3-4　不同品牌产品质量对比

（七）采访营销

采访营销指主持人采访名人嘉宾、路人、专家等，以互动的形式，通过他人的立场阐述对产品的看法。采访名人嘉宾，有助于增加观众对产品的好感；而采访路人，有利于拉近他人与观众之间的距离，增强信赖感（见图2-3-5）。

图2-3-5　采访营销

二、直播营销的方式选择

企业新媒体团队在选择直播营销方式时，需要从用户角度，挑选或组合出最佳的直播营销方式。从互联网消费者心理上看，初次接触某企业或某产品直到产生购买行为，通常会经历听说、了解、判断和下单4个过程（见图2-3-6）。

首先，消费者会在朋友圈、百度搜索等渠道第一次看见或听说某款产品；其次，会在其官网、官方自媒体平台进行充分了解；再次，会去问答平台、店铺评价区域进行分析判断，了解其他网友对于此产品的评价；最后，才会下单与付款。

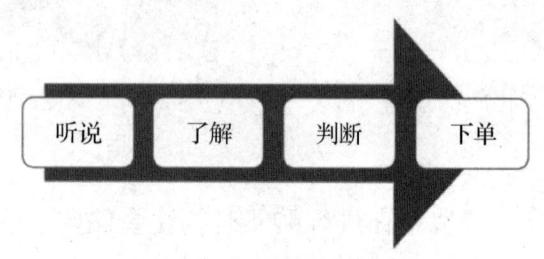

图2-3-6　购买行为过程

【想一想】

不少消费者已经将"判断"作为下单前最重要的一环，其他网民的评价将直接影响自己的消费行为。在进行以下消费行为前，你会通过哪些互联网渠道进行判断？填写在横线上。

（示例）去饭店吃饭前：大众点评、百度知道、相关微博。

淘宝店购买新衣服前：_____

外出旅行前：_____

看电影前：_____

购买畅销书前：_____

参加某在线课程前：_____

对应互联网消费者的以上4步,企业需要进行"埋雷"工作,该工作环环相扣(见图2-3-7)。

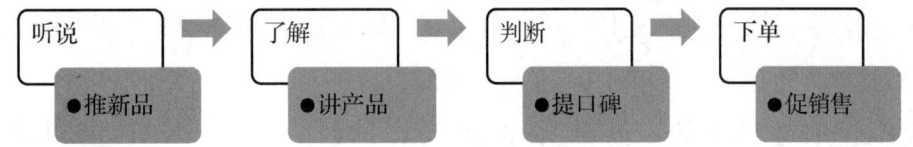

图 2-3-7 "埋雷"环节

在消费者可能会听说的渠道进行新品推介;在消费者了解产品的平台重点描述产品;在消费者进行判断的平台优化口碑与评价;在消费者下单的平台设计台词及促销政策、促进订单达成。因此,相对应的企业直播营销的重点工作即推新品、讲产品、提口碑、促销售。

对应以上7种不同的直播营销方式,直播活动中的重点各有不同,如表2-3-1所示。

表 2-3-1 不同直播方式下的营销重点

方式 \ 重点	推 新 品	讲 产 品	提 口 碑	促 销 售
颜值营销	√	√		
明星营销	√		√	√
稀有营销	√	√	√	
利他营销	√			√
才艺营销	√			√
对比营销		√		√
采访营销			√	

任务4 直播营销的策略组合

一、"五步法"设计直播营销

一场直播活动,看起来只是几个人对着镜头说说话而已,但背后都有着明确的营销设计。要么通过直播营销提升企业品牌形象,要么利用直播营销促进产品销量。

将企业营销目的巧妙地设置在直播各个环节(见图2-4-1),就是直播营销的整体设计。直播营销的整体设计主要包括五大环节,新媒体团队需要对每个环节进行策划,一个环节一个步骤,用"五步法"设计直播营销,确保其完整性和有效性。

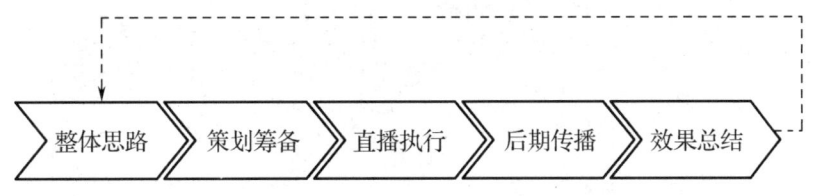

图 2-4-1 直播营销整体设计

(一)整体思路

在做营销方案之前,企业新媒体团队必须先把整体思路理清,然后有目的、有针对性地策划与执行。刚接触直播营销的新手容易进入一个误区，认为"直播营销只不过是一场小活动而已，做好方案然后认真执行就够了"。实际上，如果没有整体思路的指导，直播营销很有可能只是好看、好玩而已，并不能达到企业的营销目的。

直播营销的整体思路设计，需要包括三部分，即目的分析、方式选择和策略组合（见图 2-4-2）。

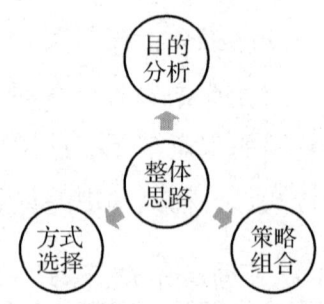

图 2-4-2　整体思路设计

（1）目的分析。对企业而言，直播只是一种营销手段，因此企业直播营销不能只是简单的线上才艺表演或互联网游戏分享，而是需要综合产品特色、目标用户、营销目标提炼出直播营销的目的。

（2）方式选择。在确定直播目的后，企业新媒体团队需要在颜值营销、明星营销、稀有营销、利他营销等方式中，选择其中的一种或多种进行组合。

（3）策略组合。方式选择完成后，企业需要对场景、产品、创意等模块进行组合，设计出最优的直播策略。

（二）策划筹备

"兵马未动，粮草先行"，好的直播营销需要有好的策划（见图 2-4-3）。首先，将直播营销方案撰写完善；其次，在直播开始前将直播过程中用到的软硬件测试好，并尽可能地降低失误率，防止因为筹备疏忽而引起不良的直播效果。

为了确保直播当天的人气，新媒体运营团队还需要提前进行预热宣传，鼓励粉丝提前进入直播间，静候直播开场。

图 2-4-3　策划新玩法

（三）直播执行

前期筹备是为了现场执行更流畅，因为从观众的角度，只能看到直播现场，无法感知前期的筹备。

为了达到已经设定好的直播营销目的，主持人及现场工作人员需要尽可能按照直播营销方案，将直播开场、直播互动、直播收尾等环节顺畅地推进，并确保直播的顺利完成。

（四）后期传播

直播结束并不意味着营销结束，新媒体运营团队需要将直播涉及的图片、文字、视频等，继续通过互联网传播，使得直播效果最大化。

（五）效果总结

直播后期传播完成后，新媒体团队需要进行复盘，一方面进行直播数据统计并与直播前的营销目的做比较，判断直播效果；另一方面组织团队讨论，提炼出本场直播的经验与教训，做好团队经验备份。

每一次直播营销结束后的总结与复盘，都可以作为新媒体团队的整体经验，为下一次直播营销提供优化依据或策划参考。

需要强调的是，直播营销的"后期传播"与"效果总结"两个环节虽然都是在现场直播结束后进行的，但是作为直播的组织者，必须在直播开始前就做好这两方面的准备。

第一，提前设计数据收集路径。如淘宝店流量来源设置、网站分销链接生成、微信公众号后台问卷设置等。

第二，提前安排统计人员。不少直播网站后台的数据分析功能不够细化，因此一部分数据（如不同时间段的人气情况、不同环节下的互动情况等）需要人工统计，便于后续分析（见图2-4-4）。

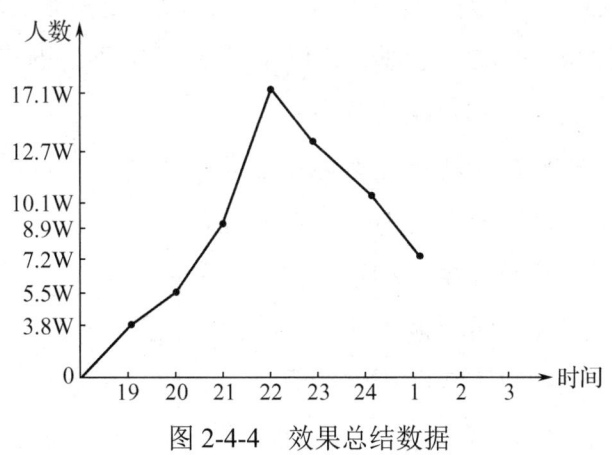

图 2-4-4 效果总结数据

【想一想】

如果你最喜欢的明星在直播中试用并推荐某产品，你会去购买吗？为什么？

二、影响直播效果的因素

在梳理清楚直播目的并选择合适的直播方式后，企业新媒体团队需要设计直播营销的策略组合。直播营销的策略组合具有承上启下的作用，一方面可以更好地将上述直播营销目的落地，另一方面便于下一步直播方案的制作。

人物、场景、产品和创意四部分的综合效果会影响直播的整体效果，因此在设计直播营销的策略组合时，要注意这四部分的有机结合（见图2-4-5）。

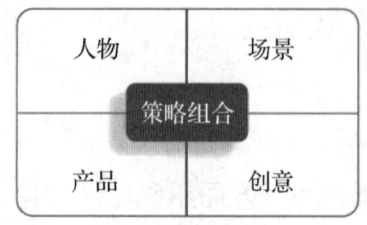

图2-4-5 策略组合

借助"人物""场景""产品"可以组成万能的策略模板，即什么样的人（消费者）在什么场所（销售渠道）购买了该产品（直播中展示的产品），并在什么场所（使用场景）使用后获得了什么样的效果（产品功能及效果），而这个人（消费者）正在通过直播的形式把以上环节展示给屏幕前的观众看，让更多的人知道或购买（实现直播目的）。

这个万能的策略模板在套用中并非必须保留每一个环节，可以根据实际情况进行动态组合，但每一个环节都会对最终效果产生影响。

例如，发布会直播：某人（发言人明星/首批产品体验者）正在发布会现场（场所）通过直播的形式，向大家展示使用该产品后在什么方面有什么样的效果或便利（使用场合及使用效果）。理财知识分享直播：某人（理财专家），正在家里/办公室里（场所）通过直播的形式，向大家讲解理财的基本知识（产品）及理财建议（产品），关于理财产品方面，投资多少额度在多长时间内获得多少收益（产品功能及效果）。

万能的直播策略组合优势在于能够迅速地在脑海中搭建一个直播模型，而除了"人物""场景""产品"，"创意"对直播效果的影响也很关键。

趣味性内容的策划同样有章可循，利用、放大产品的亮点或功效，通过直接展示或间接对比的方式，可以达到增加直播活动趣味性、可看性的目的。

例如，一款高端手机，采用了双向摄像头设计，且明确了这款手机的双摄像头设计能拍出更漂亮的照片，可以策划户外运动直播秀，以突出在各场景下的摄影拍照都能够胜任；一款护肤品——爆水霜，其成分特点是含水量特别高，能够保持皮肤水嫩，可以策划使用检验皮肤水分的仪器，通过数字直观地表现涂抹爆水霜前后的数值对比，同时策划一瓶爆水霜涂在皮肤上，能够产生几克重量的水，来凸显这款产品的效果。

三、场景模拟：设计直播营销策略组合

近年来，"双11"已经成为消费者心目中的购物狂欢节。2021年11月10日，京东与360花椒直播合作，策划了一场从8:00到20:00共12小时的花椒直播秀。结合以上讲述内容不难发现，本次直播完全基于上述"整体思路""策划筹备""直播执行""后期传播""效果总结"五大环节进行设计与推进的，是一场非常成功的直播营销活动。

（一）整体思路

策划一场直播活动需要把整体思路梳理清晰，因此，本次活动从目的分析、方式选择、策略组合三个方面进行了思路梳理。

首先，目的分析。京东商城在"双11"期间，想通过目前年轻人喜欢的、有趣好玩的方式，吸引更多的用户眼球，提高销售转化率。

其次，方式选择。这场直播活动中，京东采取了颜值营销与明星营销相结合的方式进行营销，邀请了自带粉丝的京东商城CEO刘某某在花椒直播平台秀厨艺，同时宣传扶贫项目，以"不一样"的CEO形象拉动品牌升级。为了满足更多粉丝的需求，京东还邀请了许多明星，奉上了一场12小时好看、好听、好玩的直播秀，用"不一样的明星聚会"引导消费者在京东购物。

最后，策略组合。京东商城CEO直播做菜的过程中，边制作边宣传京东产品，为京东"618"引流；与此同时，明星直播表演的各个环节中同样通过不同的互动形式，集中为京东商城引流。

（二）策划筹备

策划这场直播前，京东从前期市场获悉方案，再到执行整个过程都在为2021年11月10日的直播做准备。

方案核心根据年轻化消费群体的消费习惯、追求个性及对"网红"的关注等一系列特点，设计好玩、有趣的营销。采用直播这种新型营销形式，助力京东商城在"双11"电商大战中，吸引更多的用户眼球，提高销售转化率，达到品牌与效果兼顾的营销效果。

（三）直播执行

第一步，预热阶段——产品矩阵聚合用户。

360产品助阵京东花椒直播，凭借360导航、360浏览器、手机卫士等产品庞大的用户群及海量的数据支撑，为整体传播奠定基础，让京东花椒直播秀未播先火。

第二步，引爆阶段——霸道CEO、娱乐明星、"网络红人"齐上阵，浮窗按钮直接购买促转化。

首先，"CEO显温情"。自带粉丝的京东商城CEO在花椒直播平台秀厨艺的同时宣传扶贫项目，"不一样"的霸道CEO拉动品牌升级。

其次，明星聚会送惊喜。12小时明星不间断直播，奉上好看、好听、好玩的直播同时，不断深化京东"双11"的"简单一点、认真一点"的购物理念，更有幸运观众可以体验明星亲自上门送货，用"不一样"的明星聚会引导消费者购物选京东。

再次，"网红"与粉丝贴屏互动。40位"网红"主播与网友贴屏互动，抽奖送券发礼物的同时讲述美妆、测评等购物心得，极大丰富了用户的购物参与感，用"不一样"的方式直接促进转化。

接着是花椒直播专属礼物定制深入沟通。针对京东"双11"定制专属虚拟礼物、直播间Card等，当用户送出礼物后，全直播间用户可见；"网红"主播收到礼物后，可以多次口播，让京东"双11"活动深入人心；通过京东礼物的发送，也让用户充分参与到营销活动中，打造更具有互动感的营销体验。

最后是京东浮窗按钮直接购买提升转化。在花椒直播间增加京东的浮窗按钮，当直播节目激发用户购物需求时，用户可以直接通过左上方按钮直达京东H5商城，实现直接下单。场景化的设计使产品能够多维度、全方位地展示，更容易让用户接受，更易提高转化率。

第三步，SNS推广，推波助澜。

通过花椒直播的微信、微博及400家大众媒体同步跟踪报道，达到持续传播的效果。

（四）后期传播

后期传播中，京东与花椒主播在直播秀现场直播视频。

（五）效果总结

直播在线点赞评论数已达2 150 000次，京东小礼盒、京东JOY共派送超过6 790 000份。通过花椒直播的微信、微博及400家大众媒体同步跟踪报道，全面覆盖营销、科技、新闻门户、财经、央级网媒等媒体受众，二次传播覆盖人群超过7 500万。

【做一做】

你的学校打算进行一场直播活动，向外展示学校实力，鼓励初三考生报考。

请参照本任务知识点及相关活动的直播营销策略，设计直播营销的策略组合。

项目 3
直播营销的策划与筹备

【项目综述】

在互联网极速发展的时代,"直播"这个词离我们并不遥远,各式各样的直播平台应运而生,如商业直播服务平台、娱乐直播平台、新闻资讯类直播平台、教育培训直播平台等。因此,直播营销已然成为未来营销方案的标配。直播营销要达到商家获利的目标,必须事先做好策划,注重直播开播前的一系列筹备工作,本项目将围绕直播营销的策划和筹备工作进行分析,为商家在开展直播营销时提供借鉴与思路。

【项目目标】

知识目标
- 了解直播营销策划基本要素。
- 了解直播引流常见方法技巧。
- 了解直播间硬件筹备工作。

技能目标
- 能够清晰阐述开播前的筹备工作。
- 能够制作直播脚本和分析直播营销方案规划表。
- 能够掌握直播主流平台的基本设置和软件测试。

情感目标
- 培养当代直播营销策划与筹备的前瞻意识。
- 增强直播开播策划、筹备、跟进顺利开展的信心和兴趣。

▶▶▶ 直播营销

【情境导入】

> 试用期结束后,晓娅和阿琦成功转正,正式入职广州都瑞科技有限公司。在运营主管的指导下,两人参与了直播营销的策划与筹备工作,如直播营销前期的宣传和引流,提前到直播现场踩点,准备直播工具和设备,进行直播平台设置及软件测试等。

任务1　直播营销策划基本要素

一、直播计划

【想一想】

> 在直播营销活动之前,直播运营团队要对直播营销活动的整体流程进行规划和设计,以保障直播营销活动能顺畅进行,确保直播营销活动的有效性。那么,我们常说的直播营销活动基本流程具体包含哪些呢?
>
> 定目标⇨写方案⇨做宣传⇨备硬件⇨开直播⇨再传播⇨做复盘

计划准备好后就需要制造细节来预热。较为常见的预热方法有直播预告和短视频引流两种。

(一)直播预告

一般直播平台都有开播提醒功能,只要是关注的主播开播,粉丝会在第一时间收到 App 的提醒。但这种突然性的提醒容易因为各种各样的原因被人忽略,也不利于职业主播对直播内容的规划统筹。因此,大部分主播都会选择在微博上进行"站外链接",但若留下"他的微博就是一个直播公告板"的印象,也不会太有效果,若能配合展示日常生活就再好不过(见图3-1-1)。

图3-1-1　直播预告

（二）短视频引流

大部分的直播都会使用短视频投放引流的方式来预热，这其实是一种增加视频流量和直播关注的好方法，一般直播主播大号都会有一个自己的直播前短视频投放渠道，目的多数是吸引粉丝收藏和关注下一期精彩放送内容，这时视频引流显得尤为重要（见图 3-1-2）。

二、直播团队

直播团队可大可小，大到几十人，小到只有主播一人。一个完整的成熟团队，具体应包含以下人员。

（一）主播

主播就是形象门面，所有的幕后工作都需要主播呈现出来。所以主播的基本素养和能力非常重要。主播职责：讲解产品、介绍活动、统筹全场、互动粉丝。主播需要在直播前提前准备、了解产品，并且有控场能力。因为主播是直接连接产品、商家和消费者的窗口，所以主播最好在开播前对产品和活动有足够

图 3-1-2　短视频引流

的了解，并且具备一定的相关行业知识。当然，一位优秀的主播也不是一蹴而就的，需要经过大量的学习和练习，以及多场的实战总结积累。

（二）助播

助播职责：带动气氛、促单配合、提示活动、引导关注、卖点提醒。通俗点来讲：助播就是配合、补充、助力主播，其具体负责工作为：时刻关注直播的内容，对于主播遗漏的卖点进行提醒；当主播起身离开换装、休息时，需要出现在镜头前维持直播间的活跃；配合主播在长时间直播中，让直播间不冷场，还要让气氛起来，让消费者买买买；需要助播去补充主播的短板，主播缺什么就补什么；当直播时间过长，主播忘记脚本导致卖不出去货，这时候就需要优秀的助播来波神助攻，也可以在很大程度上影响直播的成交额。如图 3-1-3 所示，日用品、零食直播间主播和助播同时在线，各司其职。

图 3-1-3　主播和助播直播带货

（三）场控

场控职责：调试设备、软件设置、后台操作、数据监测、指令接收及传达，负责工作为：开播前要进行相关软硬件的调试；操作直播后台、控制整场直播节奏，负责现场产品的秒杀改价、库存核对、活动优惠设置、后台设置、PC直播端产品讲解配合；直播过程中提到优惠链接时及时上链接；当主播在直播中提到新优惠时，要以最快的速度进行改价；直播中要实时监控直播间留言，尤其注意是否有人发送对主播、品牌和产品不良的言论，及时控评，避免不良影响的蔓延扩散。场控人员不仅要关注直播台前的指令，还要关注直播后台的数据，进行库存核对，以防产品超卖。

（四）运营

直播运营的角色非常重要，相当于导演的角色。运营是统筹型的工作，可以说是直播间的负责人，直播运营主要负责以下工作。

（1）负责整场直播的运营，包括直播玩法设计（活动策划、利益点、营销点、秒杀等）、产品的组合销售、直播商品排序、直播的流程与脚本、主播的问题调整、直播场控（屏蔽关键词、授权管理员安排、水军等）、广告投放等。

（2）负责团队协作，包括外部协调，如封面图的拍摄、设计制图、产品抽样、奖品发放、仓库部门协调等；内部协调，包括协调直播人员的情绪、直播时间及直播间出现问题的调解等。

（3）负责复盘，复盘是在工作执行完成以后，先要根据部门人员配合的表现再加上消费者数据的反馈，针对前期制定的方案和目标进行详细的数据复盘，给出一个合理的总结和建议。是否投放短视频进行宣传预热，以何种形式投放，都需要运营人员进行思考规划，同时还要对每次投放的数据进行检测。

（五）客服

客服负责直播过程中对客户售后、售前等问题进行解答。在直播过程中，很多用户会同时提问，如询问发货时间、产品相关的问题，此时需要售后及时回答，从而给用户更好的购物体验。用户购买后客服还要高效处理用户购买产品后出现的各种问题，包括出单、物流、复购等。一个好的客服可以在很大程度上带动整个直播团队的销售额。

三、直播内容

内容是直播的营销核心。"内容为王"是一句媒体人都耳熟能详的口号，特别是现今这个内容同质化严重的时代，直播产业逐渐趋向成熟，各平台主播因为内容而掀起激烈竞争。直播行业竞争的本质可以锁定为内容差异化的打造，有特色的原创内容是今后直播营销的基石。

为成功策划一场直播营销活动，我们不仅要利用粉丝停留直播间的"黄金3秒"策划好直播开场情节，做好直播暖场效果，还需要对产品卖点、用户需求，甚至营销目标进行讨论、分析，并巧妙设置直播活动策划的各个环节才可达成直播营销目的。

（一）情节开场

通过打招呼、寒暄等方式暖场，调动气氛。开场时要用热情的话术欢迎进入直播间的观众。留下悬念是常见的直播开场内容。好奇心人人都有，直播留下了悬念，用户就会因为好奇留在直播间。在直播中满足用户的好奇心，让他们的期望得到满足，就能留住用户。

（二）产品卖点

主播要让观众知道，直播间的产品核心卖点是什么，性价比高不高，有哪些优惠，等等。让观众对直播内容价值产生认可，才能留住观众。

1. 价格

价格优势在直播过程中是一个非常大的卖点，尤其是透明化或者可比性较强的产品。

2. 服务

很多时候服务也是消费者购买产品时会考虑的因素。这里的服务包括现场的服务和售后服务。如收到货不喜欢，有任何质量问题的都可以"7 天无理由"退换货。虽然商家都会提供这个服务，但是用户在买东西的时候肯定会有不合适怎么办、不好用怎么办的疑惑，这样的服务通过话术强调出来就可以打消粉丝的顾虑，促成购买。

3. 创新点

产品的创新包含设计理念、功能升级或者产品迭代，也指相关的一些专业的名词概念，如图 3-1-4 所示，蓝牙适配器提出的"升级 5.0"区别于以往级别的适配器，并新增免驱动，稳定和 0 延迟的特点。

图 3-1-4　蓝牙适配器

4. 品质

品质可以从其材料、产地、外观（色彩、图案）、性能、属性、效率、便捷性、工艺等方面去介绍。

5. 包装

在相同质量前提下，质量好、产品包装也好的产品更有竞争力，更能赢得消费者的喜爱和青睐。包装是指外包装，它的做工用料、原材料等都可以延伸到产品品质。

6. 资质

产品资质一定是可量化、有证据可证的，通过实力的展现更容易赢得用户的信任，促成购买。

（三）才艺留人

利用才艺节目获得更多的新用户的关注。主播之间竞争很激烈，主播有精彩的才艺表演，可以更好地吸引、留住粉丝。如果主播在唱歌、跳舞、喊麦、脱口秀等方面进行过专业训练，会为直播间增色不少。

（四）内容互动

利用既有话题和即兴话题与观众交流，达到增进主播与粉丝感情的目的。直播开场时，因为观众不多，所以要自行开启话题，有时候还要自说自话，先让直播间"动"起来。直播进入正轨时，就要和观众互动，让观众参与进来，一方面是为了调动直播间气氛；另一方面也有助于建立和观众之间的强联系，提升粉丝及产品转化。例如，多看直播间弹幕，及时了解观众的需求并解决需求。若有人问，主播今天戴的帽子是在哪里买的啊？怎么搭配比较好看啊？这款产品微胖型人适不适合啊？这款面膜敏感肌能不能用等。针对这些问题，主播应及时回答并进行引导性提问，提升互动率。例如某直播间粉丝留言：榴莲黑刺很贵。主播巧妙回应："一分价钱一分货，今天直播间我们家的榴莲价格比线下门店优惠多多，放心购买，超划算！今天让你用超低价格把一直觉得贵的好货买回家。"总而言之，就是用各种办法让观众参与到直播互动中来，提高转化率。

（五）按需演绎

直播是一种兼具强互动性和即时性的内容传播渠道，很多时候需要主播在直播间即兴发挥，满足粉丝的一些要求。这对主播的应变能力提出了新的要求，主播要能根据直播间的情况，随机应变演绎出一些新的内容。

（六）下播流程

直播运营方应该有计划地制定下播流程，准备好下播的话术。每一个陪主播到下播的人都是"真爱"，每一场直播都要有始有终，所以每天临近下播的时候，都需要有一套下播的话术，这不仅能延续粉丝的不舍之情，也是给自己做一个简单的总结。

四、直播粉丝

粉丝是直播营销的导体。在这个移动互联网时代，流量是影响业绩的重要因素，吸引流量就是吸引粉丝。如何吸引与转化粉丝，是每个主播都必须做的功课。在直播变现的过程中，粉丝的重要性不言而喻，主播即使有再好的营销想法，没有粉丝为产品和内容买单也是白搭。所以"涨粉"是每个新主播都要面临的一大难题，如果不能获得大量的忠实粉丝，那变现就成了天方夜谭。

五、时间节点

时间节点包括两部分：一是直播的整体时间节点，包括开始时间印象；二是项目组时间节点，方案正文要能清晰传达每个项目组的任务结束时间、前期筹备时间、发酵时间段等，便于所有参与者对直播有时间概念，防止由于某项目组在某环节延期而导致直播整体延误。

（一）直播时间段

直播时间段一般有以下四个：

一是上午 11 点到下午 2 点（刚开始开播的，可以抓这个档）；

二是晚上 7—11 点这个黄金档（成熟主播尽量在这个档播）；

三是晚上 11 点到凌晨 2 点也是黄金档（习惯午夜播的，这个档必播，黄金档播，一般也可以延到凌晨 1 点后再下播）；

四是凌晨 2—4 点，午夜消费力强（新人积累档，以及午夜主播必播档）。

（二）周期性活动

周期性活动一般设置成每周固定有什么活动，或者在每月几号有固定活动，除了固定的日期，也可以利用周年庆来做宣传直播。这样的活动对于没有时间看直播的粉丝和铁粉会有很好的维护作用，同时也是增加直播间趣味性的一个比较好的补充。

六、预算控制

每一场直播活动都会涉及预算，对于新媒体团队整体预算情况、各环节预期需要的预算情况，都需要在方案正文中进行简要描述。当某个项目组有可能会出现预算超支的情况时，需要提前知会相关负责人，以便于整体协调。

任务 2　直播营销策划的执行规划

一、直播开播筹备

（一）调整好直播带货心态

对于直播带货，许多人的看法或许很简单，认为只要有网络、有手机就行。事实上，直播带货操作起来并不容易，里面的门道非常多。在正式踏上直播之路之前，你需要做好充足准备，其中一项就是调整好直播带货心态。

（二）对标竞品，调研同类型账号

不管是卖服装，还是卖面膜、水果、奶粉等其他产品，在直播带货之前，主播应该去各大平台查找同类型的内容和账号，最好能找到对标的对象和内容，在此基础上做优化和创新。比如健身类产品，可以去淘宝上找健身主播，学习他们的带货方式，去抖音上找健身达人，学习他们的内容呈现形式。事实上，这种方法就是我们常说的"竞品分析"，即要在正式开播之前找对标竞品，调研同类账号。

对标竞品是指对标竞争对手的产品。在直播平台上，凡是同类型的直播都是我们的对标竞品。一般来说，对标竞品分为核心竞品、重要竞品和一般竞品三个级别。

以自己的直播账号为基准，那些优于自己且非常有竞争力的竞品为核心竞品；优于自己但竞争力一般的竞品为重要竞品；低于自己或者竞争力不如自己的竞品为一般竞品。对于核心竞品，如果自己的确难以与之竞争，那么就可以学习他们的长处来优化自己，实施避强定位；对于重要竞品，我们需要分析他们的优势，继续优化自己；对于一般竞品，我们则不需要花太多时间，只需研究一下他们的劣势，避免自己出现同样的问题。

要想在直播带货中获得成功，持续地做竞品分析的工作必不可少。

（三）熟悉各大直播平台规则

1. 淘宝直播平台的入驻规则

要想成为淘宝直播平台的主播，商家或个人首先需要登录淘宝达人管理中心，入驻成为淘宝达人；然后要多发布原创内容（至少 5 条），以此来吸引用户；接着申请大 V 认证；认证通过后，则可以发布视频并等待官方审核，这样就完成了淘宝直播的开通。

（1）开通淘宝直播——手机端

步骤一：下载淘宝主播 App，登录需开通直播的淘宝账号。

步骤二：点击淘宝主播 App 首页中的【立即入驻，即可开启直播】按钮，如图 3-2-1 所示。

图 3-2-1　主播入驻申请

步骤三：按提示完成实名认证，如图 3-2-2 和图 3-2-3 所示。

图 3-2-2　实名认证申请　　　　　图 3-2-3　实名认证通过

步骤四：审核通过后，勾选【同意以下协议】单选按钮，点击【完成】按钮，即完成开通申请（见图 3-2-4）。

图 3-2-4　完成开通申请

（2）发起一场直播

步骤一：确保手机端发布直播的基础条件。

① 下载或更新到最新的淘宝主播 App。

② 确保稳定流畅的 Wi-Fi 或 4G 网络。

③ 手机设置中允许淘宝主播 App 使用麦克风。

④ 情况允许下加补光灯及防抖效果，以保证直播质量达到最佳。

步骤二：打开淘宝主播 App，进入淘宝直播间界面，点击【发预告】创建预告，如图 3-2-5 和图 3-2-6 所示。注意：直播预告发布后是需要审核的。

▶▶▶ **直播营销**

图 3-2-5　淘宝直播间界面

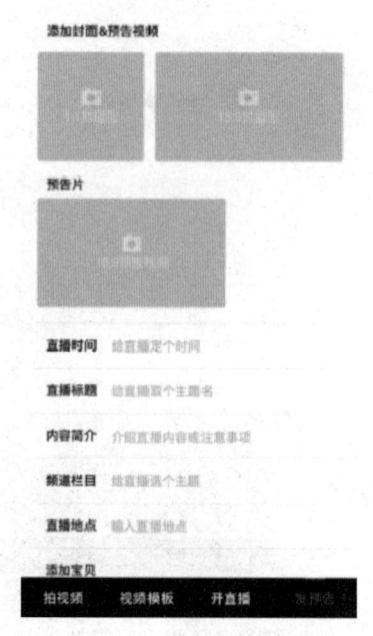

图 3-2-6　发布预告界面

步骤三：进行开播前的设置，调整画面。可选择开启【滤镜美颜】或设置【语音播报】（见图 3-2-7、图 3-2-8）。

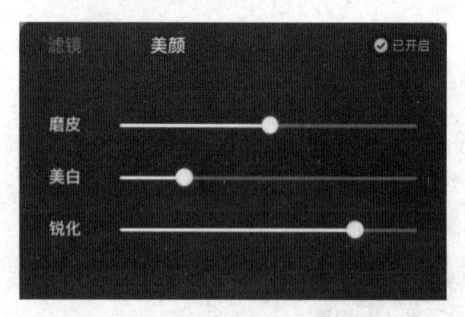

图 3-2-7　开启"滤镜美颜"

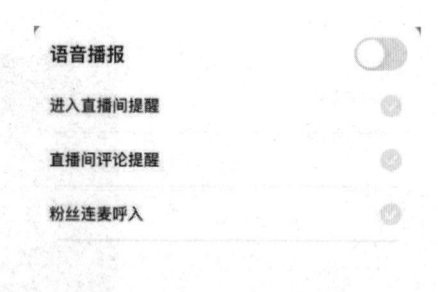

图 3-2-8　设置"语音播报"

步骤四：开始直播，关注数据。

点击【开始直播】按钮，在底部选择【分享】可把直播分享给他人，选择【更多】可以设置各种互动（见图 3-2-9、图 3-2-10）。

图 3-2-9　直播进行中

图 3-2-10　更多设置工具

步骤五：结束直播后，可以通过数据查看直播效果（见图 3-2-11）。

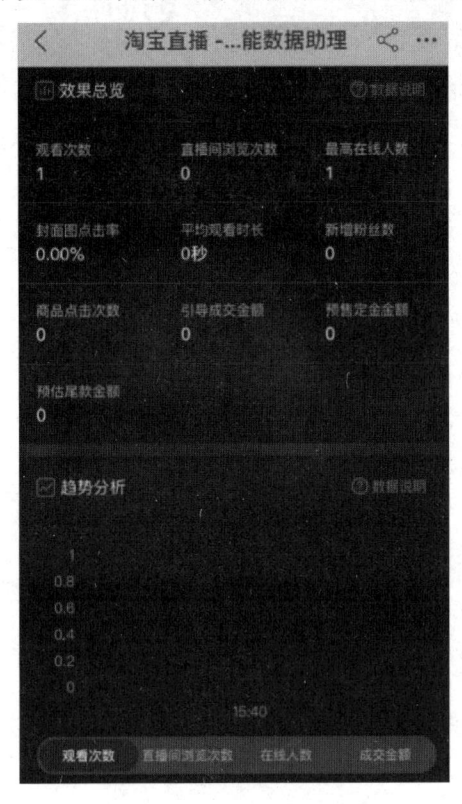

图 3-2-11　淘宝直播效果

（3）开通淘宝直播 PC 端

步骤一：首先以主播的账号登录进入 PC 直播中控台——我的直播，也就是主播后台，选择直播类型（见图 3-2-12）。选择好之后点击【发布】按钮进入下一步。

图 3-2-12　直播类型选择

步骤二：填写直播的必要信息，包含直播开始时间（如果不是现在的时间，就表示要发

> **直播营销**

一条直播预告）、直播标题、本场直播的内容简介（直播内容要求，请点此查看）、直播封面图（直播封面图要求，请点此查看）、直播位置、内容标签，点击进入下一步；如图 3-2-13 所示，所有的直播都建议提前发起预告，前期积累关注量后再开启正式直播。注意：直播预告发布后需要审核。

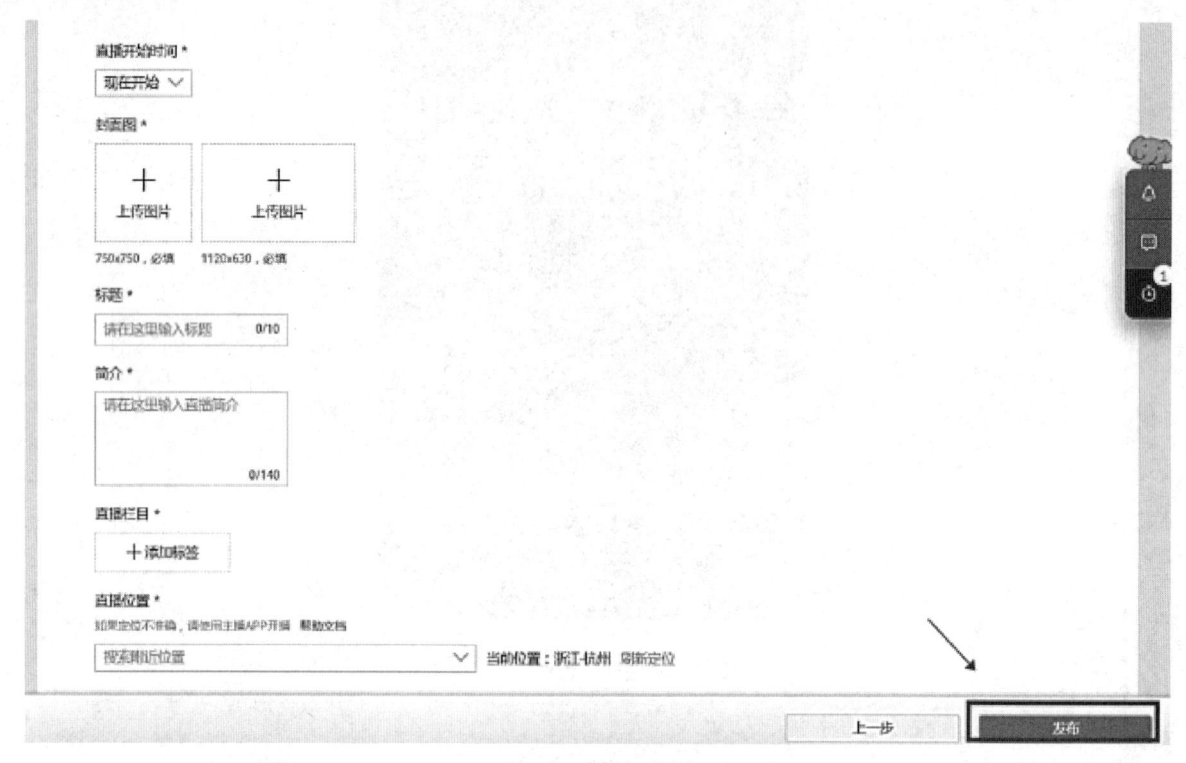

图 3-2-13　直播预告设置

检查填写的信息是否有误，如果确认无误，点击【发布】按钮，5 秒后会跳转到直播阶段的后台界面。

步骤三：点击【发布】按钮后，即进入预告的一个界面（若设置有开播时间，会根据开播时间倒计时；若没有设置，系统默认走 10 分钟的开播倒计时）。进入界面，先点击画面右上角的设置选项，然后选择推流方式（PC 客户端/主播 App），两者选其一即可。再点击界面右上角：正式开播，即可正式开播。注意：中控台是作为主播或其助理，操作添加宝贝、发布优惠券、红包、抽奖、关注卡片等互动权益的后台，并没有推流能力，故务必选择 PC 客户端或者淘宝主播 App 推流，且两者不要同时推流。

2. 快手直播平台的入驻规则

快手直播平台的入驻门槛比较低，在快手 App 设置里找实验室，然后申请直播功能，进行身份认证，身份认证需要商家个人上传身份证的正反面或手持身份证的照片，所有信息填好后待审核，审核通过后就可以进行直播（见图 3-2-14）。

图 3-2-14　快手直播申请

3. 抖音直播平台的入驻规则

抖音直播的开通设有一定的门槛：首先，抖音账号的用户数量需要达到 5 万个，每个短视频的点赞量要超到 100 个；其次抖，音账号发布的作品内容要相对优质。在满足上述条件后，商家或个人需要发送邮件申请直播，其邮件的标题为"抖音直播申请+抖音账号的昵称"，邮件内容包括以下几项：个人主页截图、原创的短视频链接及身份证照片。通过抖音后台的审核后，就可以开始进行直播。抖音直播申请流程：首先，进入抖音主界面，点击底部的"+"号，进入拍摄界面；其次，在底部找到"开直播"的选项（见图 3-2-15）。

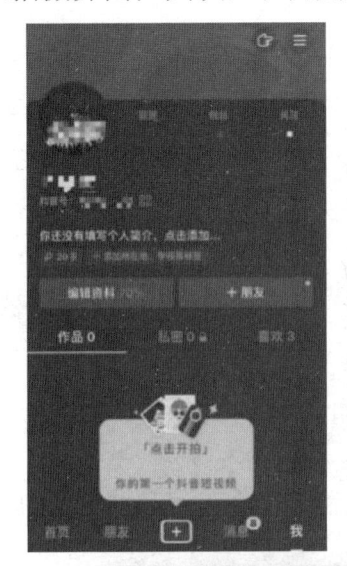

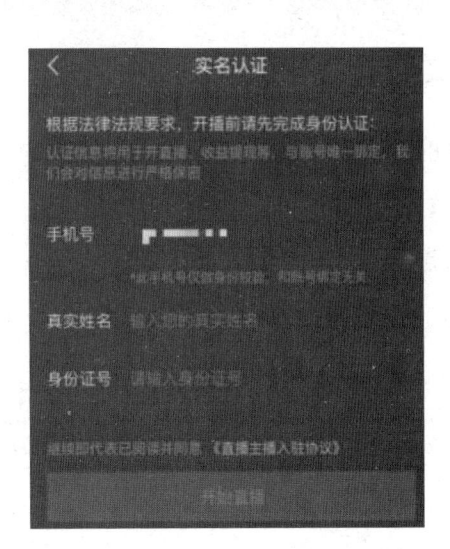

图 3-2-15　抖音直播申请

4. 微信直播平台的入驻规则

开通微信直播，企业需要提供营业执照、私域流量用户累计达 500 人的证明及个人身份证信息。微信直播带货主要有两种方式：腾讯看点直播和微信小程序直播。下面以使用较多的腾讯看点直播为例进行简单介绍：简单来说，腾讯看点直播就是由"腾讯直播 App+看点直播小程序"组成的直播平台，其中，腾讯直播 App 是开播端，看点直播小程序则是微信内部的观看端。当需要直播的主播点开了腾讯直播 App 后，腾讯直播 App 中就会生成一个小程序码，主播将这个小程序码推送给相关的微信用户后，用户通过该小程序码就可以直接进入直播间观看直播、与主播进行互动。微信直播申请如图 3-2-16 所示。

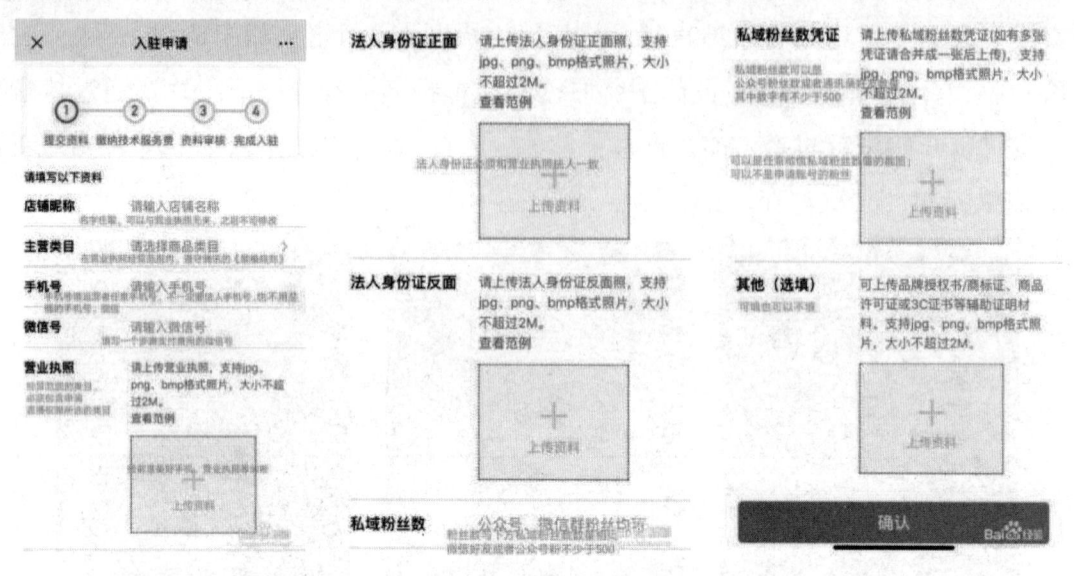

图 3-2-16　微信直播申请

（四）做好试播和时间规划

所谓试播，就是指测试网络、调整灯光、环境，测试自己的语态和互动等；而时间规划指的是直播运营人员要确定每天在什么时候直播。

二、直播方案的规划与跟进

直播方案的执行规划一般由项目整体规划表、项目跟进表、直播宣传规划表组成。

1. 项目整体规划表

项目整体规划表主要用来保障直播项目推进的完整性，以一个可视化的形式展示出所有参与小组的分工安排及时间规划，如表 3-2-1 所示。

表 3-2-1　直播项目整体规划表

时间	2023/10 下旬	2023/11/1—2023/11/7	2023/11/11	2023/11/13	2023/11/14
阶段	前期筹备	宣传预热	正式开播	活动结束时间	总结复盘
场地					
直播硬件					
宣传					
摄制					
产品					

2. 项目跟进表

在项目整体规划表的推进和大致安排下，项目跟进表在执行环节上进行细化，明确每个阶段的具体工作是什么，完成时间是什么，负责人是谁等问题，具体如表 3-2-2 所示。

表 3-2-2　直播项目跟进表

板块	产品内容	促销形式	发布平台	提交时间	负责人	前期准备阶段			预热	直播当天	活动持续		后期总结
						1日	2日	3日	4日	5日	6日	7日	
场地													
直播硬件													
宣传													
人员协调													

3. 直播宣传规划表

在直播正式开播前，预热阶段尤为重要，这就涉及直播方案中第一个重头戏"宣传"。离开了前期的宣传造势，后期直播间流量和粉丝热度都难以达到预期目标，因此，设计直播宣传规划表也是为了达到商家直播营销的目标，如表 3-2-3 所示，可根据产品的差异性选择不同的宣传方式组合。

表 3-2-3　直播宣传规划表

活动平台	微信	抖音	京东	淘宝
宣传形式	海报	短视频	微博文案	开屏广告
接受频率	一天三次	一天两次	开播前3天	开播前6天
负责人				
人员分工				
完成时间				

三、直播脚本策划

【想一想】

在你日常接触过的直播带货中，不管是活动单场直播还是某品牌单品直播，你印象中整场直播时间大致是怎么安排的呢？

【做一做】

请列举出四个不同主题的直播带货场景，根据自己的印象，写出它的特色。

▶▶▶ **直播营销**

1. 直播脚本的定义

所谓直播脚本，就是指保证某一特定直播有序且高效地进行、达到预期计划的直播方案。通常情况下，直播脚本能够有效避免不必要的直播意外情况发生，包括场控意外、缺乏互动等，是一场直播顺利进行的前提，也是直播变现的助推器。

2. 直播脚本的目的和重要性

直播脚本就像电影的大纲一样，可以让我们把控直播的节奏、规范流程、达到预期的目标、让直播效益最大化。一场好的直播离不开一个设计严谨的脚本，有头有尾，有开篇有高潮，优质的脚本还能帮助直播有更好的反响。脚本可以帮助解决直播中遇到的一些问题和麻烦，能够在遇到问题的时候根据脚本快速做出调整。

一般来说，制定直播脚本的重要性有如下 4 点。

① 把握直播节奏。直播脚本的时间分配清晰列出整场直播内容的时间安排，能让主播有效地把握直播节奏，掌握主动权，避免被粉丝互动聊天、刷礼物等行为带偏，更好地完成本场直播主题的目标。

② 直播效益最大化。整场直播需要花费大量的人力、物力、时间成本等，提前做好直播脚本就能让主播熟知直播带货的所有产品，以避免因出现纰漏而无法体现店铺本次推广、推新的意旨，从而确保商家实现直播效益的最大化。

③ 梳理直播流程，减少突发状况，包括控场意外、节奏中断、尬场等。做直播最忌讳的就是开播前才考虑直播的内容和活动，特别是有的店铺直播直接把店铺的活动"扔"给主播。此外，主播在之前如果没有事先预习当天的直播内容和产品，那这个直播最终呈现出来的就是不停地尬播、尬聊。所以，做脚本首先能解决的就是梳理直播流程，让直播的内容有条不紊地进行。

④ 管理主播话术，便于复盘总结。脚本可以非常方便地为主播每一分钟的动作、行为做出指导，让主播清楚知道在某个时间该做什么，还有什么没做。每场直播结束后，直播团队还要开总结会，所以，直播带货的脚本既管理了主播话术又能为总结会提供清晰的依据。

【想一想】

对于很多刚接触直播带货的达人来说，经常会出现以下问题：
- 要么对着镜头无话可说，要么语无伦次，逻辑混乱。
- 直播时不知道怎么调动直播间气氛。
- 不知道怎么留住进入直播间的粉丝。
- 更不知道如何在直播间把自己的产品推销出去，提升直播间成交转化率。

假设你是一名直播带货的新手，同样面临了上述的问题，想一想有什么好办法可以解决呢？

---

3. 直播脚本的主要构成要素

制定一份清晰、详细、可执行的直播脚本，是一场直播流畅并取得效果的有力保障，所以，必须明确直播脚本的4个核心要素。

（1）明确直播主题

搞清楚本场直播的目的是什么？是回馈粉丝？是新品上市还是大型促销活动？明确直播主播的目的就是让粉丝明白，自己在这场直播里能看到什么、获得什么，提前引起粉丝的兴趣。

（2）把控直播节奏、梳理直播流程

直播流程包括以下方面。开场预热：打招呼、介绍自己、欢迎粉丝到来，今日直播主题介绍；话题引入：根据直播主题或当前热点事件切入，目的是活跃直播间气氛，调动粉丝情绪；产品介绍：根据产品单品脚本介绍，重点突出产品性能优势和价格优势（直播间活动）；粉丝互动：以直播间福利留人，点关注、送礼、抽奖、催单话术、穿插回答问题等；结束预告：整场商品的回顾，催付；感谢粉丝，引导关注，预告下次直播时间、福利和产品活动。比如：若8点开播，则8点到8点10分就要进行直播间的预热。知道介绍一个产品需要多长时间，尽可能地把时间规划好，并按照计划来执行；每个整点截图有福利，点赞到10万、20万时提醒粉丝截图抢红包等，所有直播的内容都需要在直播脚本中全部细化出来。一份合格的直播脚本都是具体到分钟的，直播流程设计如图3-2-17所示。

标准化直播流程安排示范：120分钟直播流程设计（循环型）

时间安排	直播内容	主播安排
16:00—16:10	热场互动	张小小
16:10—16:40	主打3款	张小小(主)+王丽丽(助)
16:40—16:50	宠粉1款	张小小(主)+王丽丽(助)
16:50—17:20	主打3款(第一次循环)	张小小(主)+王丽丽(助)
17:20—17:30	宠粉1款(第一次循环)	王丽丽(主)+张小小(助)
17:30—18:00	主打3款(第二次循环)	王丽丽(主)+张小小(助)
18:00—18:10	宠粉1款(第二次循环)	王丽丽(主)+张小小(助)

图3-2-17　直播流程设计

（3）调度直播分工

对主播、助播、运营人员的动作、行为、话术做出指导，包括对直播参与人员进行分工，如主播负责引导观众、介绍产品、解释活动规则，助理负责现场互动、回复问题、发送优惠信息等，后台客服负责修改产品价格、与粉丝沟通、转化订单等。

（4）控制直播预算

对于单场直播成本控制，中小卖家可能预算有限，在脚本中可以提前设计好能承受的优惠券面额或者秒杀活动、赠品支出等。

直播方案要简明扼要，直达主题，通常来说，完整的直播方案包括5部分内容，如表3-2-4所示。

表 3-2-4 直播方案的主要内容

直播方案要点	说　　明
直播目标	明确直播需要实现的目标、期望吸引的观众人数等
直播简介	对直播的整体思路进行简要的描述，包括直播的形式、直播平台、直播特点、直播主题等
人员分工	对直播运营团队中的人员进行分工，并明确各人员的职责
时间节点	明确直播中各个时间节点，包括直播前期筹备的时间点、宣传预热的时间点、直播开始的时间点、直播结束的时间点等
预算	说明整场直播活动的预算情况，以及直播中各个环节所需的预算，以合理控制和协调预算

4．直播脚本的不同版本

对于直播电商来说，直播脚本一般可以分为单品直播脚本和整场直播脚本。单品直播脚本顾名思义就是针对单个商品的脚本。它以单个商品为单位，规范商品的解说，突出商品卖点。

单品直播脚本内容一般包括商品品牌介绍、商品卖点介绍、利益点强调、促销活动、催单话术等，如表 3-2-5 所示。

表 3-2-5 单品直播脚本内容

项　目	商品宣传点	具　体　内　容
品牌介绍	品牌理念	××品牌以向用户提供精致、创新、健康的小家电商品为己任，该品牌主张愉悦、创意、真实的生活体验才能丰富人生，选择××品牌不仅是选择一个产品，更是选择一种生活方式
商品卖点	用途多样	具有煮、涮、煎、烙、炒等多种烹饪功能
商品卖点	商品具有设计感	① 分体式设计，既可以当锅用，也可以当碗用； ② 容量适当，一次可以烹饪一个人一顿饭的食物； ③ 锅体有不黏涂层，清洗简单
直播利益点	"双十一"特惠提前享	今天在直播间内购买此款电热锅享受"双十一"同价，下单备注"主播名称"即可
直播时的注意事项		① 在进行直播时，直播间界面显示"关注店铺"卡片； ② 引导用户分享直播间、点赞等； ③ 引导用户加入粉丝群

直播运营团队可以将单品直播脚本设计成表格形式，将品牌介绍、商品卖点、直播利益点、直播时的注意事项等内容都呈现在表格中，这样既便于主播全方位地了解直播商品，也能有效地避免在人员对接过程中产生疑惑或不清楚的问题。

整场直播脚本就是以整场直播为单位，规范正常直播节奏流程和内容。整场直播脚本一般都会包含时间、地点、商品数量、直播主题、主播、预告文案、场控、直播流程（时间段）等要素。

下面介绍 3 个不同版本的整场直播脚本：通用版、进阶版、高级版。

（1）通用版：直播脚本的通用模板

一份详细的直播脚本会涉及主播直播的话术，能够提升主播的语言吸引力及在直播间与用户互动的能力。一个直播脚本的通用内容包含以下较为常见的要点。

① 直播目标。本场直播希望达到的目标，可以是数据上的具体要求，如观看量要达到多少、点赞量要达到多少、进店率要达到多少、转化带货销售额要达到多少等，这样设置目标更直观且目标性更强。

② 直播人员。优秀的直播脚本，一定要考虑团队配合问题，这样才能让直播有条不紊地进行，而不是处处随机应变。因此，你要注意各个人员的分工，以及职能上的相互配合。比如，主播负责引导用户关注、介绍产品、解释活动规则，直播助理和直播运营负责互动、回复问题、发放优惠信息等，客服负责修改商品价格、与用户沟通订单等。

③ 直播时间。一定要固定好直播的时间，建议严格根据时间进行直播，直播时段也建议相对固定一些：准时开播能够帮助用户养成观看习惯；到了下播时间建议不要"恋战"，及时预告第二天的直播内容，让用户持续关注，在促进用户养成观看习惯的同时，还能让用户对主播直播的内容产生期待。

④ 直播主题。主题是用户了解一场直播的核心，整场直播的内容应该紧紧围绕直播主题展开。假如你的直播主题是宣传店庆活动，但是观众进入直播间后，发现你一直没有发送活动福利，那么很可能会造成用户流失。因此，你需要定下本场直播的主题，就像写文章一样，直播的内容不能偏离主题。比如，今天的直播主题是"桃花妆"，那么直播内容就是教观众如何画一个"桃花妆"，并摆拍出好看的照片。

⑤ 直播脚本流程细节。直播是一个动态的过程，整个过程中涉及各类人员的配合、场景的切换，以及道具的展示等多方面的工作。因此，直播的流程规划需要具体到分钟，前期要在脚本上做好标注。比如 8 点开播，开播后用 10 分钟时间在直播间进行预热，和观众互动。后续的直播流程包括产品的介绍、每一个产品介绍多久等，主播要尽可能地把时间规划好并按照计划执行。

⑥ 梳理产品卖点。在梳理产品卖点时，写出产品的特点，包括产品功能卖点及产品价格卖点，这样的话，主播在介绍产品时会为用户提供更为真实且准确的信息。

⑦ 优惠信息和活动。在直播活动环节中，主播需要反复介绍，这样能够更好地调动直播间气氛以及引导用户消费。比如在直播间抽奖的时候，主播可以通过反复强调参与的方式，营造紧张的氛围——还差×个预约名额就抽免单大奖，大家快快点击预约参与抽奖，在这种情况下，假如奖品是实物，那么主播一定要将奖品拿在手上，眼见为实，发挥活动的更大效用。

除了以上 7 个要点，还需要注意：直播间的脚本绝不是固定的，每次根据直播的内容做相应变化，所以最好对每场直播都能做出一份直播脚本，然后以周为单位，一周更换一次规则，这样你的直播脚本才能真正地发挥效用，为你成功带货打好基础。直播脚本的通用模板如图 3-2-18 所示。

直播主题	×××秋季新品发布（从需求出发）
主播	×××
主播介绍	某品牌主理人
直播流程	
1	直播准备（宣传方案、人员分工、产品梳理、直播设备检查）
2	预热环节（自我介绍、适度互动）
3	品牌介绍（品牌故事、店铺介绍）
4	直播活动介绍（活动福利、流程、引导方式）
5	新品讲解（全方位展示与讲解）
6	新品测评（试用分享，切忌夸夸其谈）
7	观众互动（答疑解惑、故事分享）
8	抽取奖品（穿插用户问答）
9	活动总结（强调品牌与活动）
10	结束语（引导关注、预告下次内容）
11	复盘（分析问题、优化脚本内容）

图 3-2-18 直播脚本的通用模板

（2）进阶版：直播促销项目的脚本策划思路

通常来说，整场直播活动脚本的要点如表 3-2-6 所示。

表 3-2-6 整场直播活动脚本的要点

直播脚本要点	具 体 说 明
直播主题	从用户需求出发，明确直播的主题，避免直播内容没有"营养"
直播目标	明确开直播要实现何种目标，是积累用户，提升用户进店率，还是宣传新品等
主播介绍	介绍主播、助播的名称和身份等
直播时间	明确直播开始、结束的时间
注意事项	说明直播中需要注意的事项
人员安排	明确参与直播人员的职责。例如，主播负责引导关注、讲解商品、解释活动规则；助理负责互动、回复问题、发放优惠信息等；后台/客服负责修改商品价格、与粉丝沟通、转化订单等
直播的流程细节	直播的流程细节要非常具体，详细说明开场预热、商品讲解、优惠信息、用户互动等各个环节的具体内容、如何操作等问题。例如，什么时间讲解第一款商品、具体讲解多长时间，什么时间抽奖等，应尽可能把时间都规划好，并按照规划执行

进阶版的直播活动脚本可参考表 3-2-7。

表 3-2-7 直播活动脚本

直播活动概述	
直播主题	秋季护肤小课堂
直播目标	吸粉目标：吸引 10 万名观众观看；销售目标：从直播开始至直播结束，直播中推荐的三款新品销量突破 10 万件
主播、助播	主播：××、品牌主理人、时尚博主；助播：××
直播时间	2023 年 10 月 8 日，20：00—22：30
注意事项	① 合理把控商品讲解节奏； ② 放大对商品功能的讲解； ③ 注意对用户提问的回复，多与用户进行互动，避免直播冷场

续表

直播流程				
时间段	流程安排	人员分工		
^	^	主播	助播	后台/客服
20：00—20：10	开场预热	暖场互动，介绍开场截屏抽奖规则，引导用户关注直播间	演示参与截屏抽奖的方法；回复用户的问题	向粉丝群推送开播通知；收集中奖信息
20：10—20：20	活动剧透	剧透今日新款商品、主推款商品，以及直播间优惠力度	补充主播遗漏的内容	向粉丝群推送本场直播活动
20：20—20：40	讲解商品	分享秋季护肤注意事项，并讲解、试用第一款商品	配合主播演示商品使用方法和使用效果，引导用户下单	在直播间添加商品链接；回复用户关于订单的提问
20：40—20：50	互动	为用户答疑解惑，与用户进行互动	引导用户参与互动	收集互动信息
20：50—21：10	讲解商品	分享秋季护肤补水的技巧，并讲解、试用第二款商品	配合主播演示商品使用方法和使用效果，引导用户下单	在直播间添加商品链接；回复用户关于订单的提问
21：10—21：15	福利赠送	向用户介绍抽奖规则，引导用户参与抽奖、下单	演示参与抽奖的方法	收集抽奖信息
21：15—21：40	讲解商品	讲解、试用第三款商品	配合主播演示商品使用方法和使用效果	在直播间添加商品链接；回复用户关于订单的提问
21：40—22：20	商品返场	对三款商品进行返场讲解	配合主播讲解商品；回复用户的问题	回复用户关于订单的提问
22：20—22：30	直播预告	预告下一场直播的时间、福利、直播商品等	引导用户关注直播间	回复用户关于订单的提问

【案例3-1】

某家居陶瓷旗舰店直播促销项目探店活动，脚本策划思路如下。探店指的是考察某个商家，咨询了解商家店面、产品等信息，对该商家的地理位置、服务特色、市场价位有一个初步的了解，然后拍照写帖，做点评的过程，详见图3-2-19和表3-2-8。

图3-2-19　商家直播主界面

表 3-2-8　直播促销项目脚本

活动内容	"家 520 我爱我家"家居带货节
日期	5月20日
直播时长	15分钟
预热开场	刚刚结束的展厅是我们的 2020 广东省"家 520 我爱我家"家居带货节,那么接下来先给宝宝们发一波福利,请跟着我们的摄像头去我们的某陶瓷展厅,给大家看看我们的各式各样的瓷砖的铺贴效果
产品介绍	介绍当下热卖瓷砖及一个铺贴效果,大概讲一下产品的品类、用途,以及展示大致的一个场景
优惠规则	48 元抢客厅大砖。天山碧玉 48 元/片(每户限量 30 片);凯撒灰 59 元/片(不限量);卡拉拉 89 元/片;欧雅灰 99 元/片;城堡灰 139 元/片。 1 元抢阳台砖。消费满 4 999 元送 5 平方米;消费满 7 999 元送 8 平方米;消费满 9 999 元送 10 平方米。 大板优惠券。满 8 000 元减 500 元
留资料规则	0.1 元识别门店地址。识别地址,拍下链接后,即可推动当地门店活动方案
结尾部分	我们今天的简单的一个探店小旅程就结束了,接下来会去我们另一个品牌的展厅,记得持续关注我们的直播间哦

很多商家都知道,在做生意的过程中,时不时地做几次直播促销活动,可以在短时间内让直播间的热度提升,吸引更多观众参与,从而增加带货商品的销量。那么,这种促销类的直播脚本思路该怎样策划呢?

对于众多商家而言,直播促销的方案主要有以下 4 种。

① 会员积分促销方案。这种方案是指用户使用购物后产生的会员积分享受商家提供的折扣优惠政策,它通常能吸引老客户参与活动,还能提升新客户和老客户进店购买其他商品的概率。

② 折扣促销方案。折扣促销包括直接折扣和变相折扣:直接折扣是指商家对商品直接降价进行打折销售;变相折扣则是指商家以免邮、组合商品买赠等形式进行的促销。前者适合在节日期间实施,能够带动店里的人气;后者显得更加人性化,避免顾客因为折扣过多而对往常价格产生不满。

③ 抽奖促销方案。商家在撰写这种具有偶然性促销方案的脚本时,需要将活动的参与方式简化,因为复杂和难度过大的活动很难吸引客户参与。

④ 红包促销方案。红包是淘宝专用的一种促销工具,商家可以根据各自店铺的不同情况来制定直播过程中红包的赠送规则和使用规则。

对于以上提供的这 4 种促销方案,商家在进行直播脚本的策划时,可以根据自身情况选择一个合适的方案思路来撰写。

(3)高级版:直播互动活动的脚本策划和规则

相对于通用版、进阶版的直播脚本,还有一种直播脚本更加高级。与前两者相比,高级版直播脚本侧重于直播过程中的互动活动。在这里,笔者就用案例向大家具体阐述高级版直播脚本应该怎样策划。

【案例 3-2】

某厨房电器旗舰店直播促销项目连麦游戏，脚本策划思路如下。连麦是一个网络流行用语，指的是两个人同时打开麦克风互动，详见图 3-2-20 和表 3-2-9。

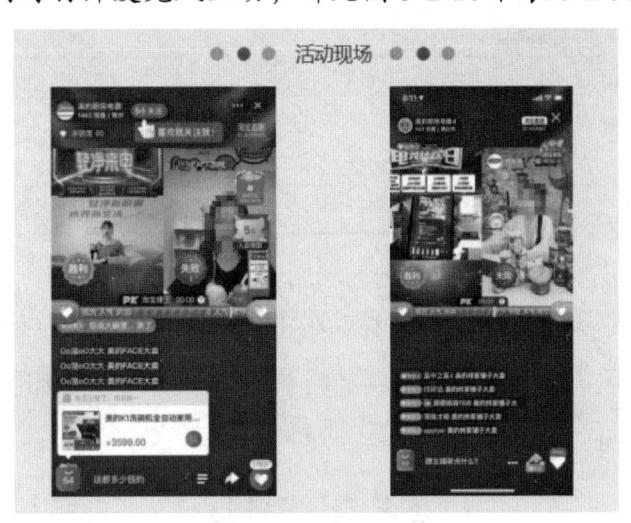

图 3-2-20　连麦主界面

表 3-2-9　直播脚本高级版

一、连麦预热	
流程	品牌介绍
脚本	马上到我们的连麦环节啦。大家都知道一般在连麦的时候，享受到的活动奖励是最丰富的。因为双方的抽奖大家都是可以参与的。今天我们给大家带来的活动是……，我们今天必买的产品是……，稍后给大家做详细的产品介绍。那今天我们连麦的店铺是某厨房电器旗舰店，接下来让对方的小哥哥、小姐姐做个简单的介绍吧
二、连麦开场	
流程	打招呼—权益介绍—吸引粉丝进直播间
脚本	大家好，欢迎新朋友来到我们的直播间。我们直营家庭个人清洁类目，像拖把、擦玻璃器、垃圾桶等都有售卖。直播间所有的产品都是我们经过甄选确定出来的，大家完全可以放心入手。除此之外，我们还准备了一大波免单奖作为本次连麦的福利
三、点赞定输赢	
流程	双方直播间比赛点赞数
规则	① 必须关注双方直播间； ② 哪方赢哪方抽奖送礼； ③ 赢的一方随后抽奖 （注意：主播引导粉丝去对方直播间刷屏，刷屏暗号由主播自定，如关注某爆款热卖，主播需给中奖顾客留言中奖产品名称）
四、互相带货环节	
流程	互相介绍对方主推产品卖点
规则	连麦 PK 输的一方先介绍
脚本	主播引导粉丝互相关注，介绍主推产品

续表

五、游戏PK	
流程	① 听歌识曲游戏 ② 双方主播提前准备3首 ③ A主播播放一首歌，B主播猜测。B主播播放一首歌，A主播猜测，依次进行 ④ 如果未猜出则输
规则	① 点赞赢的一方告诉顾客活动规则及福利 ② 引导顾客参与进来 ③ 输的一方先抽奖，赢的一方后抽奖
六、连麦结束，双方告别	

下播之后，别忘了对本场直播进行复盘。对不同时间段里的优点和缺点进行优化与改进。比如今天为什么卖得好，为什么卖得不好，寻找粉丝产生购买欲望的点是什么。复盘内容也可以呈现在直播脚本里面，以优化后面的直播。

【课堂小实训】

以某宝直播平台的脚本为例，展开实战练习。整场直播脚本是对整场直播活动的规划与安排，重点是直播的逻辑、规则和对直播节奏的把控。通常来讲，整场直播脚本的要点如图3-2-21所示。

整场直播脚本的要点

直播脚本要点	具体说明
直播目标	明确直播要实现何种目标，是积累用户、提升用户进店率，还是宣传新品等
人员安排	明确参与直播人员的分工和职责
直播时间	规划好直播时间，并严格执行。建议开播的时间要固定，养成用户按时观看直播的习惯。到了结束时间最好准时结束直播，如果商品没有介绍完可以留到下一场直播，以制造悬念
直播主题	从用户需求出发，明确直播的主题，避免直播内容没有"营养"
主播介绍	介绍主播的名称、身份等
直播中的流程细节介绍	直播的流程细节要非常具体，详细说明开场预热、品牌介绍、直播活动介绍、商品介绍、用户互动、直播结束各个环节的具体内容、如何操作等问题

图3-2-21 整场直播脚本的要点

请根据给出的整场直播脚本的要点提示，制作一份某宝××品牌女装服饰整场直播带货脚本。

制作要求：

1. 请在电商某宝平台上自选一间××品牌的女装服饰店，选择该店的新品和爆款产品各两件作为本场直播带货的主推产品。

2. 参考你选择的店铺产品促销活动作为直播间优惠活动介绍，也可自拟主播与粉丝互助的活动，目的都是使得商家获利最大化。

3. 根据本章节所学知识，按照上述要求填写完善以下直播脚本表（见表3-2-10）。

表 3-2-10　直播脚本表

A	B
某宝××品牌女装整场直播脚本	
直播脚本要点	具体说明
直播目标	
人员安排	
直播时间	
直播主题	
主播	
开场预热	
品牌介绍	
优惠活动介绍	
商品介绍	
用户互动	
活动总结	
直播结束	

任务 3　直播引流常见方法与技巧

一、直播引流方法

越来越多的视频网站加入了直播，专门进行直播的手机 App 也越来越受到粉丝的欢迎。并且，我们熟知的多数著名主播，也是通过直播平台渐渐被人熟知的。

一般来说，门槛较低、人气能够通过在线人数直接体现、通过平台虚拟币直接变现，这是视频主播人数较多的原因。但正是因为人数众多，脱颖而出的机会也增加了。那么，视频直播平台该如何成功引流呢？

（一）形象让人眼前一亮

主播需要让粉丝看到自己的一举一动，因此主播必须提升自己的形象，这其中，容貌占有一定的分数，但如果能通过服装、饰品等打造出不同的自己，那么也能起到加分的作用。

形象让人眼前一亮，是指穿着搭配符合个人气质，并且可以经常做出调整，给人带来"百变"的感觉。形象提升了，吸引的粉丝自然就多，引流也轻而易举。提升自己的品位。品位，决定了一个人的档次。很多主播开始并不出色，但后来越来越被人喜欢，就在于其提高了自身的品位，一直在学习、打磨中。不时地与粉丝分享一些冷门但优质的音乐或一本好书，对粉丝保持微笑，提醒自己收腹、挺胸、双肩放松，这样主播的气质陡然提升。试想，一个整天只会讲段子的主播，怎么可能给粉丝留下有内涵的印象？在注意外表的同时，一定不能忽视对品位的提升。

（二）特长是吸粉的关键

无论是哪个视频直播平台，其最红的主播都具备一定特长，会唱歌、跳舞、弹琴、脱口秀、讲笑话等，"总有一款让人眼前一亮"。试想，一个外貌很普通的女主播，唱歌却很好听，或者她唱歌虽不好听，但很会跳舞，魅力就在这时散发，自然而然地，粉丝就被吸引了。如果主播容貌极佳，但没有任何特长，坐在摄像头前一言不发，那么粉丝也许会因为主播长得好看而进入直播间，但5分钟之后会感到无比乏味而选择退出。

（三）巧妙视频介绍大引流

经常观看视频网站的朋友，会发现在很多视频界面有一段简短的介绍。通过快速浏览，我们可以知道这个视频频道有哪些内容和精华。所以，主播应当写明自己的直播特点是什么，如"周一互动情感""周二游戏大直播""周五你点我来唱"等，让粉丝立刻了解你的风格，从而愿意主动关注，并形成持续化。不要小看这短短的近百字，一个账号的基础简介、一段视频的集中说明，都会在此快速展现，甚至我们还可以添加个人微信号，一旦粉丝感兴趣，就会通过这段说明直接找到我们。例如，我们可以将自己的微博、微信号写入简介，这样当粉丝产生兴趣时，除了会关注你的视频直播账号，还会迅速找到你的微博地址，从而成为你的铁杆粉丝，达到引流的效果。

【想一想】

以某宝直播为例，假设你是直播运营团队一员，请参考表3-3-1来设计直播前准备工作策划脚本，你和你的小伙伴能来做一份直播前预热引流的策划案吗？（注：表格中涉及的品牌方和产品内容自定）

表3-3-1 直播前准备工作策划脚本

时 间	工作内容	具 体 说 明
直播前15~20天	选品	选择要上直播的商品，并提交直播商品链接、直播商品的折扣价
	确定主播人选	确定是由品牌方提供主播，还是由直播运营团队提供主播
	确定直播方式	确定是用手机进行直播，还是用计算机进行直播
直播前7~15天	确定直播间活动	确定直播间的互动活动类型和实施方案
直播前7天	寄样品	如果是品牌方提供主播、自己做直播，则无须寄送样品；如果是品牌方请达人主播或专业的MCN机构（网红孵化机构）做直播，则品牌方需要向达人主播和MCN机构寄送样品
直播前5天	准备创建直播间所需的相关材料	① 准备直播封面图：封面图要符合某宝直播的相关要求； ② 准备直播标题：标题不要过长，要具有吸引力； ③ 准备直播内容简介：用1~2段文字简要概括本场直播的主要内容，要重点突出直播中的利益点，如抽奖、直播专享优惠等； ④ 准备直播间商品链接：直播时要不断地在直播间发布商品链接，以让用户点击链接购买商品，所以要在直播开始前准备好直播商品链接
直播前1~5天	直播宣传预热	采取多种方式，通过微淘、微博、微信等渠道对直播进行充分的宣传

二、直播引流技巧

（一）直播评论引流技巧

很多电商新手抱怨，为什么直播评论引流并没有像传说中那么实用呢？其实，我们更应该反思一下，我们的直播评论值得大家关注的内容在哪里？与众不同的地方又在哪里？

其实，直播评论与 QQ 空间、朋友圈评论功能类似，你对直播长篇大论显然不切实际。那么，直播评论引流的技巧有哪些呢？

1．借助昵称评论引流

自己的直播粉丝不足，可以借助直播大号评论的力量实现引流。

第一步，注册直播小号，昵称与网红、明星等直播大号类似。

第二步，使用大号直播，用小号评论。这种使用名人效应的方式，可使你的直播涨很多粉丝。

第三步，生产优质的内容巩固新涨的粉丝。由此一来，昵称的引流作用就显而易见了。

2．直播大号评论引流

如果没有足够的粉丝，我们就需要思考一下，粉丝去了哪里呢？

对直播来说，很多人的起点高，傅园慧的直播有 1 000 万人在线热聊，还有很多直播网红的每次直播粉丝不下百万人，这恰恰为我们评论引流带来了契机。

① 进入直播大号聊天室。

② 在名人直播提问时，使用我们的直播大号，经常性地做出回答，实现互动，引起关注。

③ 适当地给名人送点礼物，刷刷存在感，向名人提问，寻求答案，名人一旦做出回答，我们的账号引流也就可以充分享受名人效应了。

④ 仔细聆听名人直播，寻找适当的时机，推广自己的直播号。例如，我们可以在傅园慧直播时，会在评论中说"我也是游泳爱好者，平时会直播一些相关干货，有兴趣的可以关注我"。

3．与粉丝的评论互动

我们在直播时，可以找几个好友评论一下，为我们创造机会，介绍自己直播间的内容及形式。好友以评论的形式提问，而我们直播回答，往往会鼓励更多的人向我们提出问题，这不仅是与粉丝的互动，更是借机宣传自己的直播账号。当大家逐渐参与你的直播讨论时，切忌在讨论中加过多的广告营销元素，否则积累的人气会毁于一旦。

（二）直播内容简介引流技巧

越来越多的人加入了直播，甚至还有人以主播为职业。在竞争如此激烈的直播平台上，电商新手要想占有一席之地，必然需要经过一番苦战。其中，直播的预热过程是必不可少的。用内容简介对直播引流，有哪些技巧呢？

1. 拟一个吸引人的标题

标题的重要性自然不用多说，它具有先声夺人的作用。我们的内容简介要想激起大家的观看欲望，引爆式的标题也是必需的。

① 直击大家的痛处。例如，"名人A也曾和我们一样""名人B也曾这样做"等。

② 巧设疑问句，引起大家的思考。例如，"为什么你不是千万富翁""你难道没有想过成为下一个'打工皇帝'吗？"

③ 把粉丝带入标题创造的场景中。例如，"你一直在犯的错误，自己却没有觉察"。

2. 留好小尾巴

在众多的直播平台中，很多人想看直播却不知怎么看。如果我们在做内容简介的时候，插入直播地址或者直播房间的网址，感兴趣的人就可以直接点击观看。

所以，简单便捷的操作方式更利于吸引粉丝的关注。

3. 找准直播噱头

平淡无奇的内容简介总是难以激起波澜，我们可以借鉴电影的宣传，在最精彩的地方适可而止。

① 对直播内容的介绍截取精彩的内容片段，简单概括一下。

② 联系一下时下的热点，把热搜关键词嵌入介绍中。

③ 找准时机，提前预热。

做好直播内容简介相当于迈出了重要的一步。因此，主播想清楚什么样的内容简介更吸引大家，并且应掌握时下的热点内容，才能在直播引流过程中做到事半功倍。

4. 调动直播间人气"五步法"

（1）剧透互动预热

一般来说，开始直播时的观看人数较少，这时主播可以通过剧透直播商品进行预热。主播可以热情地与用户进行互动，引导其选择喜欢的商品。用回复口令进行互动的方式很快捷，直播评论区一般会形成"刷屏"之势，从而调动起直播间的气氛，为之后的直播爆发蓄能。

（2）"宠粉"款开局

预热结束之后，直播间的氛围已经开始升温，主播这时可以宣布直播正式开始，并通过一些性价比较高的"宠粉"款商品继续吸引用户，激发其互动热情，并让用户养成守候主播开播的习惯，增强用户的黏性。

（3）"爆款"打造高潮

在这一步，主播要想办法营造直播间的氛围。这一步所占用的时间可以占到整场直播时间的80%，但只介绍20%的商品。主播可以利用直播最开始的剧透引出"爆款"，并在接下来的大部分时间里详细介绍爆款商品，通过与其他直播间或场控的互动来促成"爆款"的销售，将直播间的购买氛围推向高潮。

（4）福利款制造高场观

在直播的下半场，即使观看直播的人数很多，但仍有不少用户并非主播的粉丝。为了让这些用户关注主播，成为主播的粉丝，或让新粉丝持续关注主播，留在直播间，主播就要推出福利款商品，推荐一些超低价或物超所值的精致小商品给用户，引导用户积极互动，从而制造直播间下半场的小高潮，提升直播场观。

（5）完美下播为下次直播预热

主播在下播时可以引导用户点赞，分享直播；使用秒杀、与用户聊天互动等方式，在下播之前再制造一个小高潮，给用户留下深刻的印象，使用户感到意犹未尽。同时，主播可以利用这一时间为下次直播预热，简单介绍下次直播的福利和商品等。

（三）社群平台全引流，让变现最大化

社群的意义毋庸置疑，它是粉丝的聚集地，更是网红传播自我、实现电商变现的最佳渠道。尤其是微博、微信、QQ、贴吧等，都是不可或缺的引流渠道。当然，没有一个网红，可以做到每天在不同的平台上开设直播频道。所以，社群平台的最大意义在于引流，将不同社群的粉丝集中起来，然后统一进入某个视频直播平台，这样网红才能做到集中精准化传播，实现渠道的变现。

社交软件的开放性使越来越多的平台互相打通了入口，如"斗鱼"，可以一键将房间发布到微信、微博、QQ 群、论坛等，所以在直播开始时，网红一定要将信息一键发布到所有社群平台上，最大限度地吸引粉丝进入。那么，既然是直播变现，我们在直播中需要做好哪些细节呢？

1．与粉丝的互动

直播互动是网红与粉丝沟通的核心。所以，即便我们有产品需要推介，也不要忘了，粉丝不是单纯地收听广告的人。做好互动，才能积攒人气，为变现建立基础。过于赤裸的商业推广，只会让粉丝感到乏味，选择退出，甚至成为"黑粉"。

互动玩法可提升直播间氛围。① 巧妙派发红包。在线人数不超过 20 人的新直播间派发红包有以下 3 个好处：发红包可以解决直播间在线人数太少、无人互动的尴尬局面；发红包可以解决关注量增加的问题；每介绍完一款商品就派发一次红包，这样可以延长用户在直播间里的停留时长。② 在线人数超过 200 人的直播间，在某个节点发红包。例如，点赞满 2 万时发红包，红包金额不能太少。③ 设置抽奖环节。抽奖环节的具体设置形式有 4 种：签到抽奖、点赞抽奖、问答抽奖、秒杀抽奖。④ 提升粉丝黏性。引导粉丝加入粉丝团，打造人格化 IP，创作优质内容。

2．洞察不同类型粉丝的心理

① 高频消费粉丝：保证 SKU（库存量单位）的丰富度；保证价格和质量优势，这是吸引粉丝的最本质的因素；沟通到位。

② 低频消费粉丝：提升直播间的 SKU 丰富度，详细介绍商品，提供新客专属福利。

③ 其他电商主播的粉丝：低价引导，提供新客专属福利。

④ 平台新手粉丝：展现专业度，加强消费引导，积极与粉丝互动。

3．"润物细无声"的推广

真正优秀的推广应当是摄人心魄，而不是强买强卖。直播过程中的推介不能是单纯的"电视购物"，一味地在介绍产品、吹嘘产品，而是应当让产品成为直播中的一个道具、一个场景中必不可少的环节。

例如，推介美妆产品的最佳方式就是为粉丝上演一场"美妆秀"，让粉丝看到网红的变化。这样一来，产品既成了一种直播的互动环节，又能够吸引粉丝的注意力，再进行引导变现才更有说服力，更有"润物细无声"的效果。

4．开展平台内付费推广

（1）淘宝直播付费推广

① "猜你喜欢"资源位，如图 3-3-1 所示。

② "微淘""直播广场"资源位，如图 3-3-2 所示。

图 3-3-1 "猜你喜欢"资源位

图 3-3-2 直播广场

（2）抖音直播付费推广

如果抖音直播间的人气不高，主播可以付费使用"DOU+直播上热门"功能。该功能可以助力直播间迅速上热门，增加直播商品的曝光率，如图3-3-3和图3-3-4所示。

要想高效地投放DOU+，主播要做到以下两点：明确投放目的，精准投放和直接"加热"直播间。

（3）快手直播付费推广

在快手平台直播时，如果直播间的人气不高，也可以进行付费推广。快手直播的每位观众推广费为1快币，即0.1元，主播在选择想要获取的人数后，就可以看到支付成本。主播的出价越高，观众数量就越多，引入速度也就越快，所以在直播高峰期时可以适当调高出价，以快速提升直播间的人气值。快手直播推广的付费方式为CPC，按照点击进入直播间的人数扣费，每位观众多次点击只扣除一次费用。

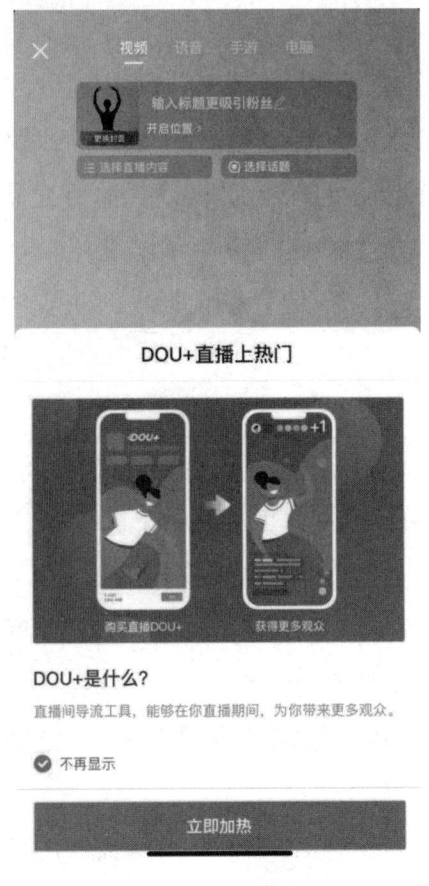

图 3-3-3　抖音 DOU　　　　图 3-3-4　抖音 DOU 加热付费

任务4　直播间硬件筹备工作

一、直播场地踩点

直播间场地和环境的规划直接影响用户的观看体验，一个整洁、干净的直播间能够给用户带来良好的视觉体验。

直播间场地的选择有室内和室外两种。场地不同，主播需要关注的要点也有所不同。

1．室内直播场地的要求

室内直播场地通常适合一些对光线要求较强、对细节展示要求较高的商品，如美食、美妆、服装等。如果选择室内场地作为直播间，需要考虑以下 7 个方面。

① 场地的隔音效果。隔音效果好的场地能够有效避免杂音的干扰。

② 场地的吸音效果。吸音效果好的场地有利于避免在直播中产生回音。

③ 场地的光线效果。光线效果好的场地能够有效提升主播和商品的美观度，降低商品的色差，提高直播画面的视觉效果。

④ 如果直播中需要展示一些体积较大的商品，如钢琴、冰箱、电视机等，则要注意场地的深度。如果场地深度不够，在拍摄商品时则可能因为摄像头距离商品太近，从而导致画面不能完整地展示商品，或者出现画面不美观的情况。

⑤ 如果场地中需要使用顶光灯，则要考虑场地的高度，要保证能够给顶光灯留下足够的空间，避免因为场地高度不够、顶光灯位置过低而导致顶光灯入镜，影响画面的美观度。

⑥ 为了保证画面的美观度，避免画面过于凌乱，在直播时不会让所有的商品同时入镜，因此，在直播商品较多的情况下，直播场地中要留出足够的空间放置其他待播商品。此外，有些直播间会配置桌椅、黑板、花卉等道具，也要考虑为这些道具预留空间。

⑦ 有些直播中除主播外还会有助播、助理等人员，在选择直播场地时也要考虑为这些人员预留空间。

2．室外直播场地的要求

室外场地比较适合直播体型较大或规模较大的商品，或者需要展示货源采购现场的商品，如在码头现场挑选海鲜等。选择室外场地作为直播间时，需要考虑以下因素。

① 室外的天气情况，如果选择在傍晚或夜间直播，则需要配置补光灯。

② 室外场地不宜过大，因为在直播过程中主播不仅要介绍各类商品，还要回应用户提出的一些问题，如果场地过大，就容易让主播把时间浪费在行走上。

③ 对于室外婚纱拍摄之类的对画面美观度要求较高的室外直播来说，一定要保证室外场地的美观，而且场地中不能出现杂乱的人流、车流等。

例如：对室内直播间来说，主播可以使用简单的品牌 LOGO 作为直播间的背景墙，这样既显得直播背景干净简单，又能增强品牌感，如图 3-4-1（a）所示。此外，主播也可以利用实体店作为直播间，以凸显直播场景感，如图 3-4-1（b）所示。

二、直播道具准备

直播道具包括直播商品、直播活动宣传物料、直播中需要用到的辅助道具等。商品作为直播营销活动的主角，在直播开始前就应当准备好，以便主播在直播过程中能够快速地找到并进行展示。直播活动宣传物料包括直播宣传海报、直播宣传贴纸等各种能够在直播镜头中出现的宣传物料。辅助道具包括商品照片、做趣味实验要用到的工具、计算器等，巧妙地使用辅助道具能够帮助主播更好地展示商品，让用户理解直播内容和商品特性。

（a）　　　　　　　　　　　（b）

图 3-4-1　室内直播间

主播直播时使用辅助道具，能够非常直观地传达主播的意图，强调直播营销环节中的重点，还能成功地吸引用户的注意力，丰富直播画面，加深用户对直播或商品的印象。

直播间常用的辅助道具包括以下 4 种。

1．商品实物

商品实物是必须有的道具。主播在镜头前展示商品实物或试用、试穿等，既可以提升商品的真实感，又可以提升用户的体验感。

2．黑板、白板、荧光板

黑板、白板、荧光板等道具板，能够展现文字、图片信息，其主要作用如下：

① 在服饰类直播中提示用户如何确定尺码，如身高 160～170cm，体重 50～60kg，选 L 码，这样能够提高沟通效率，减小客服的压力。

② 在彩妆类直播中可以给用户提建议，如什么肤色或什么场合适合选择哪种色号口红等。

③ 提示当日"宠粉"活动、福利商品等。

④ 提示下单时的备注信息，以及发货或特殊情况说明，如预售多少天或几天内发货。

3．手机、平板电脑、电子大屏等

手机、平板电脑、电子大屏等主要用于配合主播在进行商品介绍时展示商品全貌、官方旗舰店价格、名人同款或明星代言，以及广告宣传等。

4．计算器、秒表等

主播可以用计算器计算商品的组合价、折扣等，以吸引用户的注意力，并且突出价格优势；秒表可以用于营造抢购商品的紧迫感。它们都是有助于商品营销的辅助工具。

【案例导入】

直播间是用户最直接的视觉体验场所，如果直播间环境"脏、乱、差"，用户进入直播间之后看上一眼就会退出了。因此，直播间首先要保持干净、整洁，在开播之前把各种商品、道具都摆放整齐，营造一个简洁、大方、明亮、舒适的直播环境。虽然对直播间场景的搭建并没有统一的硬性标准，但主播可以根据自己的喜好来进行设计与布置。作为电商直播间，商品营销是主要目的，使用品牌Logo（标志）作为直播间的背景墙，这样既显得直播背景干净利索，又能增强品牌效应。

【案例分析】

> **美妆类直播间场景布置**
>
> 美妆类直播间场景布置要求商品摆放美观，使直播画面呈现层次感，强化纵深度，能够突出商品卖点，便于主播进行商品营销。
>
> ① 直播间大小。一般情况下，美妆类直播间在10平方米左右即可。
>
> ② 直播间背景墙。背景墙最好简洁干净，以浅色、纯色为主，简洁大方又明亮，也可以适当布置一些装饰品。当然，也可以根据主播形象或直播风格来进行调整。例如，如果主播的人设（人物设定，包括形象、身份、性格等）是可爱型的，则直播背景墙或窗帘可以用暖色，如粉色、紫色；如果主播的人设是成熟稳重型的，则尽量以白色、灰色的背景墙为主。灰色是直播间最适合的背景色，不会过度曝光，视觉上也比较舒适，有利于突出妆容或商品的颜色。
>
> ③ 美妆展示柜。在展示柜上整齐有序地摆好要销售的商品，不仅让人看上去美观、舒适，还有一定的吸引力。
>
> ④ 直播桌、座椅。准备桌面面积足够大的直播桌，以便于主播试用、测试摆放备播商品，另外，考虑到美妆主播长时间直播的舒适度，最好选择低靠背座椅。

三、直播设备筹备

"工欲善其事，必先利其器"，优质的直播效果离不开专业软硬件设备的支持。在直播之前，我们需要优选直播设备，并将其调试至最佳状态。根据直播环境的不同，将直播分为室内直播和户外直播两种，这两种直播所需的设备有所不同。

（一）室内直播设备

室内直播设备通常有以下 8 种。

1．单独的房间

做室内直播，首先需要有一个单独的、隔音效果好的房间，以免在直播中受到外界噪声的干扰而降低直播的质量。此外，主播还要对房间环境进行适当的布置和装饰，以提升直播画面的视觉效果。

2．视频摄像头

视频摄像头是形成直播视频的基础设备，目前有带固定支架的摄像头（见图 3-4-2）、软管式摄像头（见图 3-4-3）、可拆卸式摄像头（见图 3-4-4）。带固定支架的摄像头可以独立置于桌面，或者夹在计算机屏幕上，使用者可以转动摄像头的方向。这种摄像头的优势是比较稳定，有些带固定支架的摄像头甚至自带防震动装置。

图 3-4-2 带固定支架的摄像头 　　图 3-4-3 软管式摄像头 　　图 3-4-3 可拆卸式摄像头

软管式摄像头带有一个能够随意变换、扭曲身形的软管支架，这种摄像头上的软管能够多角度自由调节，即使被扭成 S、L 等形状后仍可以保持固定，可以让主播实现多角度的自由拍摄。

可拆卸式摄像头是指可以从底盘上拆卸下来的摄像头，单独摄像头能够被内嵌、对接卡扣在底盘上，主播可以使用支架或其他工具将其固定在屏幕顶端或其他位置。

3．耳机

耳机可以让主播在直播时能够听到自己的声音，从而能够很好地控制音调、伴奏等。一般来说，入耳式耳机和头戴式耳机比较常见，分别如图 3-4-5 和图 3-4-6 所示。大多数主播会选择使用入耳式耳机，因为这种耳机不仅可以减轻夹在头上的不适感，还比较美观。

4．话筒

除了视频画面，直播时的音质也直接影响直播的质量，所以话筒的选择也非常重要。目前，话筒主要分为动圈话筒和电容话筒。

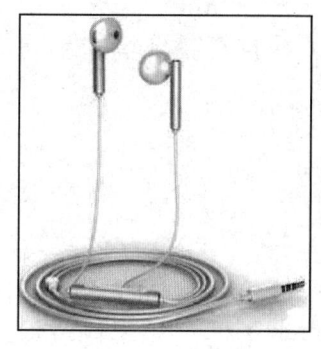

图 3-4-5　入耳式耳机　　　　　图 3-4-6　头戴式耳机

（1）动圈话筒

动圈话筒（见图 3-4-7）的最大特点是声音清晰，能够将高音真实地进行还原。动圈话筒又分为无线动圈话筒和有线动圈话筒，目前大多数的无线动圈话筒支持苹果及安卓系统。动圈话筒的不足之处在于其收集声音的饱满度较差。

（2）电容话筒

电容话筒（见图 3-4-8）的收音能力极强，音效饱满、圆润，让人听起来非常舒服，不会产生高音尖锐带来的突兀感。如果直播唱歌，就应该配置一个电容话筒。由于电容话筒的敏感性非常强，容易形成"喷麦"，因此使用时可以给其装上防喷罩。

图 3-4-7　动圈话筒　　　　　图 3-4-8　电容话筒

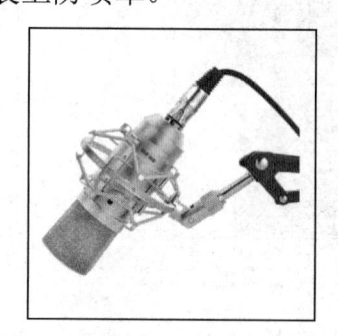

5．声卡

声卡是直播时使用的专业收音和声音增强设备，一台声卡可以选择 4 个设备，分别是电容话筒、伴奏用手机或 iPad、直播用手机和直播用耳机（见图 3-4-9）。

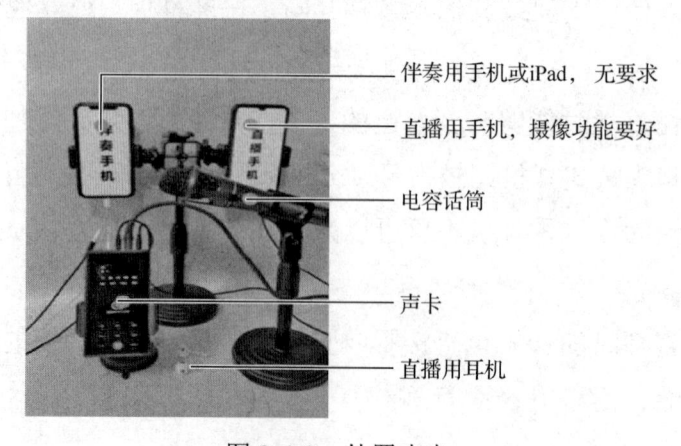

图 3-4-9　外置声卡

6．灯光设备

为了调节直播环境中的光线效果，需要配置灯光设备，如图 3-4-10 所示为环形补光灯，图 3-4-11 所示为八角补光灯。对于专业级直播来说，则需要配置专业的灯光组合，如柔光灯、无影灯、美颜灯等，以打造更加精致的直播画面。

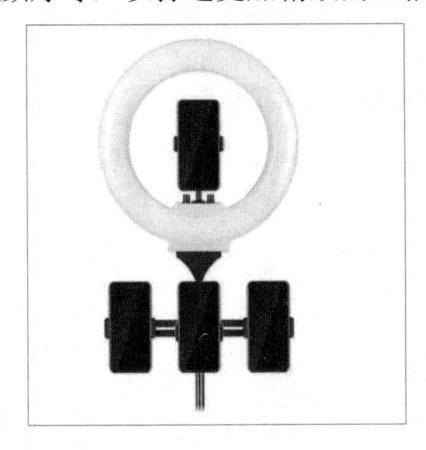

图 3-4-10　环形补光灯　　　　　　　　图 3-4-11　八角补光灯

7．计算机和手机

计算机和手机可以用来查看直播间评论，与粉丝进行互动。主播也可以用手机上的摄像头来拍摄直播画面。若要直播计算机屏幕上的内容，如直播 PPT 课件，可以使用视频录制直播软件；若要直播手机屏幕上的内容，则可以在计算机上安装手机投屏软件，然后再进行直播。

8．支架

支架用来放置摄像头、手机或话筒，它既能解放主播的双手，让其做一些手势动作，也能增加摄像头、手机、话筒的稳定性。如图 3-4-12 所示为摄像头三脚支架，图 3-4-13 所示为手机支架，如图 3-4-14 所示为话筒支架。

图 3-4-12　摄像头三脚支架　　　　图 3-4-13　手机支架　　　　图 3-4-14　话筒支架

（二）户外直播设备

现在越来越多的主播选择到户外进行直播，以便给观众带来不一样的视觉体验。户外直播面对的环境更加复杂，需要配置的直播设备主要有以下 6 种。

1. 手机

手机是户外直播的首选，但不是每款手机都适合做户外直播。进行户外直播的手机，CPU（中央处理器）和摄像头配置要高，可以选用中高端配置的苹果或安卓手机，只有 CPU 性能够强，才能满足直播过程中的高编码要求，也能解决直播软件的兼容性问题。

2. 上网流量卡

网络是户外直播首先要解决的问题，因为它对直播画面的流畅程度有着非常直接的影响。如果网络状况较差，就会导致直播画面出现卡顿现象，甚至出现黑屏的情况，会严重影响观众的观看体验。因此，为了保证户外直播的流畅度，主播需要配置信号稳定、流量充足、网速快的上网流量卡。

3. 手持稳定器

在户外做直播，通常需要到处走动，一旦走动，镜头就会出现抖动，这样必定会影响观众的观看体验。虽然一些手机具有防抖功能，但是防抖效果不佳，这时需要主播配置手持稳定器来保证拍摄效果和画面稳定，如图 3-4-15 所示。

4. 运动相机

在户外进行直播时，如果主播不满足于手机平淡的拍摄视角，就可以使用运动相机来拍摄。运动相机（见图 3-4-16）是一种便携式的小型防尘、防震、防水相机，体积小巧，佩戴方式多样，拥有广阔的拍摄视角，可以拍摄慢速镜头，主播可以在一些极限运动中使用运动相机进行拍摄。

图 3-4-15 手持稳定器　　　　图 3-4-16 运动相机

5. 自拍杆

使用自拍杆能够有效避免"大头"画面的出现，让直播画面的呈现更加完整，更加具有空间感。

自拍杆的种类非常多，如带蓝牙的自拍杆、能够多角度自由翻转的自拍杆，以及带美颜补光灯的自拍杆等。就户外直播来说，带美颜补光灯的自拍杆和能够多角度自由翻转的自拍杆更受欢迎。

6. 移动电源

很多直播设备都是需要用电的,而户外直播不像室内直播那样方便充电,所以做户外直播需要配备移动电源,以便随时为直播设备补充电量,以保证直播的正常进行。

> 【想一想】
>
> 你准备做一场服装试装直播,如何显得专业高级、脸部立体自带美颜?如何更好展示衣物的细节呢?

如图 3-4-17 所示为服装直播门店,很多服装主播在线下没有店面,多是在家居环境中进行直播带货的,最大场地是客厅,常用的还有一个专门的房间,面积 $15m^2$ 左右,其实只要你会打光,环境并不会影响直播的质感。试分析对比图 3-4-18 和图 3-4-19 灯光呈现的不同效果。

图 3-4-17 服装直播门店

图 3-4-18 直播间灯光效果昏暗

图 3-4-19 直播间灯光效果明亮

一般情况下,一套完整的灯光设备包括环境灯、主光灯、补光灯、辅助背景灯。

常用的直播间布光法是三灯布光法。

三灯布光法一般适用于空间较小的场景，其优势在于能够还原立体感和空间感。该布光法是将一台环形柔光灯作为主播的主要光源放置于主播正前方作为面光，另外两台柔光灯分别放在主播两侧打亮其身体周围。环形柔光灯自带柔光罩，光线非常柔和，即使长时间直播也不会让主播感觉刺眼；而柔光灯柔和的光线也能够使商品看起来更有质感、更有吸引力。这种布光法适用于服装、美妆、珠宝、人物专访等多种直播场景，具有很强的适用性（见图3-4-20）。

图 3-4-20　直播间三灯布光法

任务5　直播平台设置及软件测试

一、直播平台设置

直播行业目前属于热门行业，在国内发展已较为成熟。直播行业从出现到发展经过长时间的沉淀，现在已经处于一种饱和状态，尽管如此，还是有很多人想要通过搭建直播平台获取高额利润。因此，如何脱颖而出摆脱同质化现象显得尤为重要。企业直播活动在平台端一般有两种实现形式：一是自建直播间，通过企业官方自建账号进行直播；二是入驻直播间，企业本身不注册直播账号，而是在主播所建的直播间进行直播。现在直播平台搭建已经有部分功能是必须具备的，在搭建前应先了解一下后期运营。

（一）直播平台搭建登录界面

引导图：即打开应用后几秒钟内显示的图片，引导图通常是广告位，吸引商户增加平台收入。

手机登录/快捷登录：不管哪种登录方式，都需要接入第三方才能实现，手机登录需要通过短信验证登录；快捷登录以常见社交软件为主，如QQ、微信、微博等。

（二）直播平台搭建软件首页

主播列表：根据直播内容不同进行分类，列表包括推荐、热门、附近等。

关注列表：显示账号关注的主播。

搜索：用户可以通过输入主播房间号或者ID来搜索相关主播。

消息：显示收到的私信和系统消息。

个人中心：修改个人信息，完成实名认证，进行充值，查看浏览历史等。

（三）直播平台搭建直播间界面

开播界面：设置直播间标题，选择直播分类，直播画面美化等。

直播间类型：主播可以将直播间设置为普通直播间、密码直播间、计时收费直播间。

用户拉黑：主播可以将用户拉黑，拉黑以后不会再收到用户消息。

用户管理：为了方便主播对直播间内用户的管理，每个主播都会设置几名管理员，协助主播调节直播间气氛，对用户进行禁言、踢出等。

礼物排行：主播可以查看用户赠送礼物的数量，系统会对用户赠送礼物进行排行，根据礼物总价值多少决定排名先后。

红包抽奖：主播可以在直播中进行红包抽奖，红包金额、数量、中奖人数都由主播自己设置。

主播PK：主播可以与同分类里的其他主播进行连麦PK，根据收取礼物价值高低决定胜负。

互动游戏：部分主播为了调节直播间内气氛，会开启直播间小游戏，通过和用户互动游戏，拉近主播和用户之间的距离。

直播时长：平台是通过每个月的直播时长来约束主播的，主播每个月必须播够一定的时间才行，主播可以在直播过程中查看自己直播间的开播时长。

未经设置的直播间，网友在进入后无法直观地了解直播内容，很容易造成粉丝流失的情况。为了提升观众的留存率、减少现场跳出率，在选择直播间类别后，企业新媒体团队需要对直播封面图、直播第一幕画面进行设置，以满足直播需求。

（四）直播封面图信息设计

直播封面图是观众进入直播间前了解直播内容的窗口，尤其是直播活动与直播平台方有推广合作时，直播开始前直播封面图就出现在直播平台的显眼位置，为直播活动做预告，拉升直播活动关注度。

直播封面图中的信息包括直播主题、直播时间、直播产品名、主播等，具体可以根据直播平台规则及活动需求进行设置，以达到能够让观众准确地抓住直播核心信息的目的。

【案例导入】

以某平台著名直播达人直播封面图设计为例，如图3-5-1所示。

如图3-5-2所示的这幅直播封面图，画面过于杂乱，主题不明确，固定信息没有展现。

▶▶▶直播营销

图 3-5-1　直播封面图设计　　　　　图 3-5-2　直播封面图反例

由上述的两张直播封面图的对比，可以得出直播封面图设计要点，归纳如图 3-5-3 所示。

图 3-5-3　直播封面图设计要点

二、直播软件的测试

在直播开始之前，企业新媒体团队需要对直播软件进行反复测试，确保熟练操作、不发生操作失误。直播软件的测试主要由两部分组成：一是主办方视角，熟悉直播开始按钮、镜头切换方法、声音调整方法等操作；二是观众视角，新媒体团队需要以个人身份注册直播账号，进入直播间观看，从普通观众的角度观察直播界面；如果发现问题需要及时优化观众视角，测试比较简单，进入直播间后看画面、听声音、发弹幕都没有问题，就可以结束。而主办方视角涉及相关操作，需要反复进行，做到熟练为止。

【课堂小实训】

直播封面图是直播的门面，好的封面图可以引起用户的观看欲望，相关数据统计表明，使用精心设计的封面图的直播间，其流量要比使用默认头像的大得多。

请你试试按照本任务中提到的直播封面图主要固定信息要素，为"三只松鼠"品牌零食在直播间做一张优质封面图，素材如图3-5-4所示。

要求：①干净、清晰、整洁；②直播封面图尺寸：750×750像素；③符合直播主题"开学季"零食发放；④展现主要固定信息要素；⑤禁用合成图。

图3-5-4 三只松鼠直播封面图

项目 4
直播活动的实施与执行

【项目综述】

随着科技环境的不断优化,5G 技术网络的商业化将为直播电商注入新的推动力,直播越来越火热,2020 年之后的电商直播大爆发,更是火到了各大传统行业,包括家电、数码行业,甚至农产品行业也纷纷用起了视频直播。之后民众的工作、生活方式全面线上化,更是催生了宅经济、无接触经济等新兴业态,带动了新型农业的发展,很多农民纷纷当起主播,利用直播带货的方法将农产品销售出去,为助力乡村振兴起到重要的作用。直播与营销俨然成为风口。"万物可直播、人人能带货"的发展趋势愈发凸显。在直播电商高成长性、产业化和多元化三种最显著的特性下,如何做好直播活动的实施与执行,是直播营销过程中不可缺少的重要内容,本项目将围绕直播营销活动的实施和执行工作进行分析,为商家在开展直播营销活动时提供借鉴与思路。

【项目目标】

知识目标
➢ 了解直播活动的执行工作。
➢ 了解直播活动的开场技巧。
➢ 了解直播活动的运营技巧。

技能目标
➢ 能够清晰掌握直播运营的实施步骤。
➢ 能够计算和分析直播营销的实施情况。
➢ 能够掌握直播主流平台的活动设置。

情感目标
➢ 培养直播营销精细化运营的意识。
➢ 培养直播营销中遵守规则的意识。

【情境导入】

晓娅和阿琦的工作能力得到更多同事的认可，运营主管准备让他们进一步参与到直播过程的管控工作中，包括开播热场、直播活动的节奏把控、直播中的各种互动玩法、直播后台操作等。让我们跟着他们一起学习如何实施和执行直播活动吧！

任务 1　直播活动的实施及执行模型

直播活动的实施与执行，正是对"直播中的执行与把控"进行延展。直播活动的执行需要将执行环节紧扣营销目的，同时营销目的需要围绕效果预期来设定，具体的执行模型、操作要点如图 4-1-1、表 4-1-1 所示。

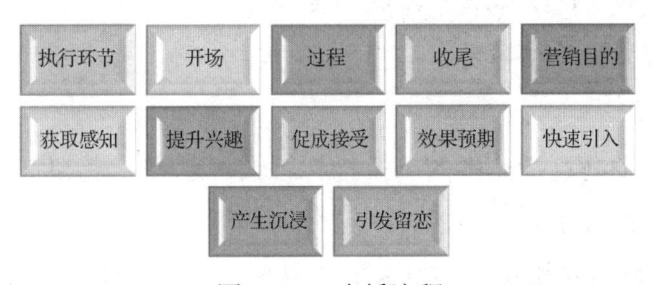

执行环节	开场	过程	收尾	营销目的
获取感知	提升兴趣	促成接受	效果预期	快速引入
		产生沉浸	引发留恋	

图 4-1-1　直播流程

表 4-1-1　直播营销活动执行环节的操作要点

执行环节	操作要点
直播开场	通过开场互动让观众了解本场直播的主题、内容等，使观众对本场直播产生兴趣，并停留在直播间
直播过程	借助营销话术、发红包、发优惠券、才艺表演等方式，进一步加深观众对本场直播的兴趣，让观众长时间停留在直播间，并产生购买行为
直播收尾	向观众表示感谢，预告下场直播的内容，并引导观众关注直播间，将普通观众转化为忠实粉丝；引导观众在其他媒体平台上分享本场直播或者本场直播中推荐的商品

开场的主要营销目的是获取感知，需要利用开场让观众第一时间了解这场直播的内容、形式、组织者等信息；直播过程中的营销目的是提升兴趣，一方面使观众对直播本身产生兴趣，另一方面使观众对直播所倡导的理念、所推荐的产品提升兴趣；直播收尾的营销目的是促成接受，好的收尾能够起到"画龙点睛"的作用，让观众接受企业产品、喜欢企业品牌，并在其他自媒体平台上也追随企业产品。

通过以上执行模型不难看出：直播活动的执行，就是将企业营销目的友好地植入开场、过程、收尾三大环节，从而达到预设的效果预期。

任务2　直播活动的开场技巧

一、直播开场设计的五大要素

（一）引发观众兴趣

前期做好充足准备，那么正式直播的时候，就需要直播执行人员认真工作了，在直播的过程中引导好观众，做好互动，及时回答问题，通过观众的提问，现场提取出和观众兴趣爱好相关的话题，每个人都可以聊。不仅如此，每个人都有倾诉欲，大部分人都愿意向别人表达自己。所以，主播可以从大家都感兴趣的爱好开始聊，利用语言、道具等，充分调动观众的积极性。不着痕迹地向观众提问，打开大家的话题，保障直播效果的同时，提升吸引力。

兴趣爱好相关话题参考：

无聊的时候，你们喜欢看书吗？

你们都喜欢什么类型的电影和电视啊？

你们最喜欢穿什么牌子的衣服啊？给我参考参考。

你们觉得最好听的音乐是什么呢？

（二）促进观众推荐

直播间人气是衡量主播直播热度的一个指标，人气越高，受到官方推荐的概率也越大，从而带来巨大的官方推荐自然流量。

直播间是否火爆，能否吸引更多观众来到直播间，除了前期宣传及平台流量带来的观众，我们还需要在直播期间主动引导观众邀请自己的朋友加入直播间，这样才不会因为一部分观众临时有事、网络故障等情况退出而爆冷。

掌握好提升直播间人气的基本因素是非常重要的，在直播过程中，主播需要不定时引导访客关注主播，还可以设置一些活动来吸引关注，尽可能把访客转化成粉丝。同时和直播间的粉丝增加互动性，促使粉丝多评论，这样可以提高直播间的人气，平台也会根据直播间的人气推荐给其他网友，从而促进直播间的持续火爆。

（三）带入直播场景

直播间的观众有的在地铁，有的在吃饭，有的正在办公室加班，有的在喝下午茶，有的在家上网，也有的在赶往高铁的路上。主播需要利用开场，第一时间将不同环境下的观众带入直播所需的场景。

（四）渗透营销目的

直播营销属于营销活动的一种形式，但本质上都需要达成相应的营销目的。在开场时，主播可从三方面进行渗透。

第一，将企业广告语、产品名称、销售口号等穿插植入台词中。

第二，充分利用现场的道具（产品、旗帜、玩具、吉祥物等）对企业品牌进行展示。

第三，提前声明利他的营销信息（特价产品、独家链接等），促成销售。

（五）平台资源支持

各大直播平台通常会配备运营人员，对资源位置进行监控与设置。资源位置包括首页轮转图、看点推荐、新人主播等。

除了事先购买广告位置的资源位置，一部分资源位置平台会安排给当日直播表现好、口碑佳的直播间。因此，利用开场迅速积累人气并引导互动，会带来可能的资源位置，从而更快聚集直播间粉丝。

二、直播活动的开场形式

（一）提问式开场

开场可以用打招呼的方式，向粉丝提出一些简单的问题。比如，询问粉丝有关兴趣爱好、日常生活、学习工作、情感生活等话题能立即引发观众的回应，提高观众的参与感，为下一步正式介绍产品做好铺垫。

1. 兴趣爱好

"你们都喜欢什么类型的电影和电视啊？"

"你们最喜欢穿什么牌子的衣服啊？给我参考参考。"

2. 日常生活

"这两天那个×××事件，你们关注过吗？我觉得×××，你们觉得呢？"

"你有没有和你的闺蜜/兄弟/室友/爸妈吵过架？一般都是怎么和好的？"

"驾照好难考啊，你们考驾照有一次性过的吗？有没有什么诀窍啊？"

3. 学习工作

"你喜欢你现在的工作吗？为什么？"

"最喜欢哪一科的老师？为什么呢？"

4. 情感生活

"哪些星座匹配度高？有天蝎座的吗？天蝎座的朋友们，你们也会记仇吗？"

"上学的时候有男生/女生给你写过情书吗？"

（二）讲经历暖场

如果在直播的过程中实在是不知道说些什么，可以说说自己的经历，不一定是悲痛的经历，也可以是日常中有趣的小事，作为开场话题闲聊。观众多少都有些八卦心理，主播讲述一段个人经历，能引起观众的好奇心，拉近主播与观众之间的距离。

（三）故事式开场

主播也可以选择讲一个小故事作为开场。简单有趣的小故事，有的让观众会心一笑，有的引起观众思考。一个好的故事会立即引起观众的注意，讲故事特别适合声音好听的主播。

主播声音的加分可以让很多人主动留下。

（四）任务式开场

给粉丝一个小任务，当然任务是伴随着奖励的。这些任务包括点赞获得点赞数，产品销量突破指定数量，转发获得关注，参与问卷调查，参与连麦等。粉丝完成任务后，主播给予粉丝奖励。有才艺的主播可以让获奖的粉丝提出要求，带货主播可以给粉丝一个小礼品。

任务式的开场可以让粉丝为了达成任务而积极配合主播，调动直播间气氛。使用任务式开场，要权衡主播的人气和直播间的气氛，如果主播人气不够或者直播间气氛还没有到火候，贸然给粉丝安排任务也可能获得冷场的效果。

（五）福利式开场

开场发福利是最有效活跃气氛的方法之一，很多大主播在开直播的时候，常做的一件事就是先抽奖，一开始就调动了粉丝的积极性和其他刚进直播间的观众情绪。福利式开场是聚集粉丝非常有效的方法，当然主播发放的福利也要符合粉丝的期望值，不能让粉丝兴高采烈而来，拿到福利之后失望。跟粉丝说好稍后的环节继续有福利发放，能让粉丝耐心守候，避免拿到福利后迅速离开。

三、直播活动开场话术

开播前做得好与不好，直接影响到粉丝对直播间的期待值，以及直播间里面的人气累积。很多人是不是有这样的经历：有些直播间你本来只想进去看看，但是不知不觉中你就会被带入氛围，被主播吸引，甚至会忍不住剁手买买买。为什么成功的主播能吸引住观众和粉丝呢？那是因为他们有一套自己的直播话术，将观众和粉丝带入其中。下面我们来学习以下几种常见的直播开场话术。

① "大家好，我是一名新主播，今天是直播带货第××天，感谢大家对我的支持"（通过简单的自我介绍，表明自己的真诚与感谢）。

② 欢迎宝宝们进我们的直播间，今天我们直播间会出一款有巨大优惠的产品哦，一定不要错过了哟！（开播就点名直播中有福利，暗示粉丝带着期待进入状态。另外可以使用"宝宝""家人""我的×粉"等专属昵称，体现粉丝的独特，传递主播的热情。）

③ "宝宝们，大家好，我们是厂家……没有中间商赚差价，我们会给到你们难以想象的折扣。（自我介绍突出自己的厂家优势，暗示粉丝产品的性价比高，主播推荐的产品价格上占优势。）

④ "我是一个××类的主播，我深耕××行业××年了，有丰富的资源和专业度，所有的产品我都会自己试用过关后再推荐给大家，请大家放心。"（凸显自己在行业的专业度，建立与粉丝之间的信任感，并且产品都是"自用款"，而不是随便推荐给大家，让用户感觉你是站在用户的角度去选品。）

⑤ "宝宝们请少安勿躁，马上我们就来波抽奖，抽中 10 位粉丝，我把手里的×× 直接

送给你!"(明星直播、普通商家直播中最常用的活跃气氛的招数莫过于抽奖。赠送的产品不一定是价格很贵的,体现出心意即可。)

⑥ "这是××山区滞销的农产品,产品特别好就是没销路,我们想给他们帮帮忙,大家动动手,能支持一个就支持一个,我在这里替我们老农谢谢大家了。"(把农产品背后的故事进行包装,更容易引导观众和粉丝下单。)

任务3 直播活动的运营技巧

做好直播的运营,首先,需要直播有优质的内容、封面把访客吸引进来;其次,要把握好直播技巧留住访客,增加与粉丝的黏性;另外,还需要积累老客户,维护粉丝。老客资源比新客转化效果更好,我们做直播的目的就是卖出去产品,如果只看重新客户,不去维护老客户,成本无形之中也会增加很多。

接下来让我们一起学习做好直播活动的常用运营技巧。

一、秒杀活动

(一)秒杀活动介绍

在直播中,商品的秒杀是最常见的促销套路。在直播的营销活动工具中,秒杀也是非常受直播用户的欢迎,秒杀有几种,包括低价、限量、限时等商品秒杀,如图 4-3-1 所示。

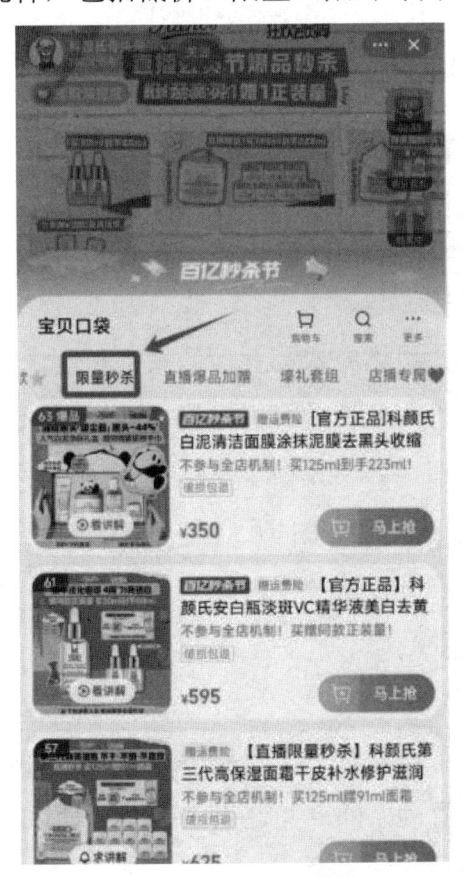

图 4-3-1 限量秒杀

商品秒杀活动的抢购氛围可以给直播间用户营造一种蜂拥而至的感觉，活跃直播间用户将更利于接下来的直播带货。如图 4-3-2 所示是直播间秒杀活动的现场截图。

图 4-3-2　直播间秒杀

（二）秒杀活动操作

1．淘宝直播秒杀规则

预热和推送：秒杀商品配置好后，提前 10 分钟开始预热，预热开始后不能修改编辑秒杀价格、库存等信息。秒杀开始前 10 分钟内，可以把秒杀商品推送到直播间。也可以秒杀开始后直接推送到直播间，用户直接参与。

优惠方式互斥：秒杀跟其他优惠方式都互斥，只跟平台红包可叠加。

报名"大秒"规则：报名"大秒"是有价格管控规则的，默认为按 5 折限制折扣力度门槛，价格高于 5 折的商品不能够报名"大秒"，根据不同商品类型设定不同的门槛标准。

秒杀链接展示：秒杀商品推送到直播间后，秒杀链接会在买家端展示。用户点击直播间空白区域，秒杀组件会收起至右侧秒杀图标，方便用户参与秒杀活动。

2．淘宝直播秒杀操作说明

（1）直播前创建秒杀

打开淘宝直播 App，点击【商品】—【商品管理】—【店铺商品】项，如图 4-3-3 所示，在商品管理页中，选择需要设置秒杀的商品，点击【配置秒杀】按钮，如图 4-3-4 所示。

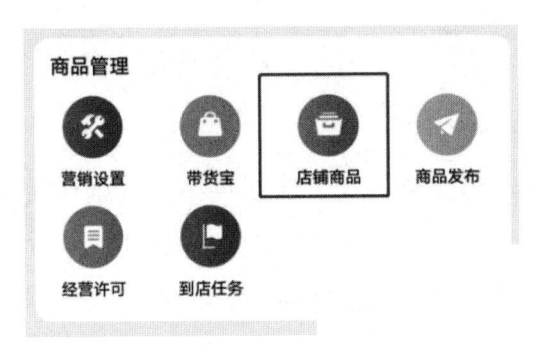

图 4-3-3　选择【店铺商品】　　　　　　图 4-3-4　配置秒杀

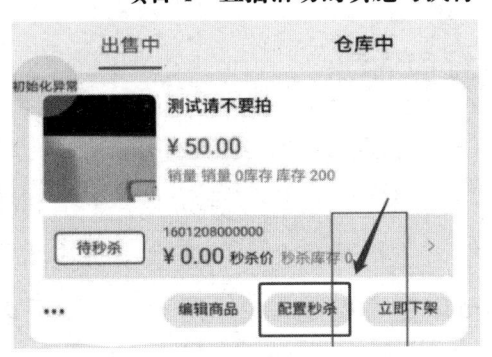

配置秒杀商品信息，包括时间、价格、库存、限购数量等，如图 4-3-5 所示。

开始直播后，在直播间底部点击【更多】—【秒杀推送】—【推送到直播间】项，将配置好的秒杀商品推送至直播间即可，如图 4-3-6 所示。

图 4-3-5　配置秒杀商品信息　　　　　　图 4-3-6　秒杀推送

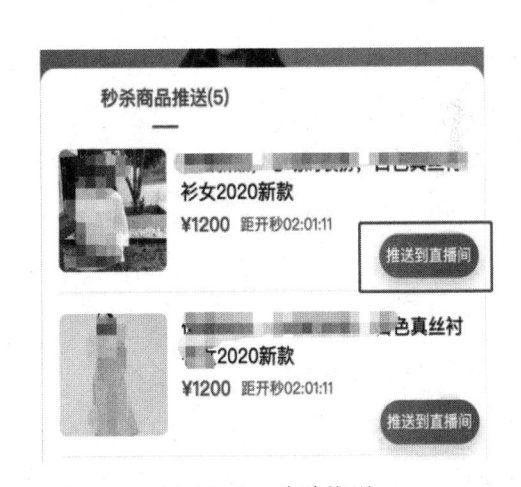

（2）直播中创建秒杀

已经开始直播后，在直播间底部点击【更多】—【秒杀配置】项，选择已添加至直播间并且正在出售中的商品，再点击【配置秒杀】按钮，如图 4-3-7 所示。

配置好秒杀商品信息后，再回到直播间，点击【更多】—【秒杀推送】—【推送到直播间】项，将配置好的秒杀商品推送至直播间即可。

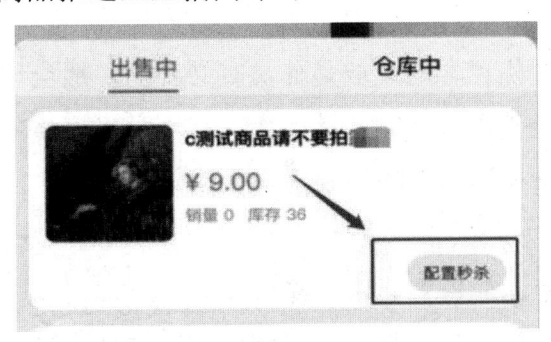

图 4-3-7　直播中创建秒杀

二、红包活动

（一）红包活动介绍

在直播时间较长的情况下，主播和粉丝都可能感到疲劳。为了活跃直播间气氛和吸引更多人气，主播通常会在一个半小时或两个小时左右设置一个节奏点，如红包活动。这种福利活动可以在直播过程中不时穿插，给粉丝们带来惊喜，以增加直播间观看流量。

主播设置抽奖环节时，可以设定一些参与要求，如只有关注并回复的粉丝才能参与抽奖，或者关注主播才能领取红包，评论"直播间商品真好看，等着入手"才能领取福袋，或者设定观看满10分钟可领取一次红包等。这样的做法既能激发粉丝在直播间的积极互动，也能吸引他们长时间停留在直播间关注福利，从而提高直播间的流量，最终促成粉丝购买商品。

如果设置互动问题，建议选择发放福利互动性高的二选一式的问题，最后直接让大家扣1或者扣2就行。

（二）红包活动操作

1. 淘宝直播红包

为了方便直播中发放红包，建议直播前先进行红包设置，需使用淘宝商家账号登录，之后进行以下操作。

第一步：进入客户运营平台，点击【支付宝红包】—【权益管理】项（注意：目前直播中的红包仅支持支付宝红包）。

第二步：点击创建支付宝红包模板。

第三步：根据自己的具体情况填写基本信息。

第四步：若客户运营平台有充足的可用资源，即可创建成功，若可用资源为0元，则点击【创建】按钮之后，需进行支付宝充值，可用余额可在【权益管理】—【可用资源】项中确认，创建成功的支付宝红包请点击【支付宝红包】—【权限管理】项查看。

2. 淘宝金币红包

进入直播中控台界面，点击【淘金币红包】按钮即可设置。

三、优惠券活动

在直播过程中合理设置优惠券的发放是非常有必要的，适当地发放优惠券有利于增加直播间的人气、点赞数、关注数和直播间的购买率，特别是当直播间出现冷场的时候，发放优惠券在直播间可以起到"起死回生"的作用。

（一）淘宝直播优惠券

下面以淘宝为例来看看如何设置并发放优惠券。

先设置好直播渠道优惠券。然后打开直播中控台的互动面板，点击【权益投放】→【选择权益】→【创建】→【优惠券的奖池】→【投放】项。实际效果如图4-3-8所示。

图 4-3-8　淘宝直播优惠券

（二）抖音直播优惠券

抖音开店的商家通常都会用到优惠券，一般会有店铺优惠券、主播优惠券、平台优惠券。商家在使用这些优惠券的时候，同样要遵守平台的规则，以下以抖音平台规则为例。

1．优惠券类型及定义

优惠券：向符合领券条件的用户发放，下单时用于抵减商品价格的营销推广工具。

优惠券共有 3 种类型：平台优惠券、主播优惠券、店铺优惠券。

① 平台优惠券：由平台设置的优惠券，可在用户购买平台内指定店铺或商品时，抵减优惠券对应的优惠金额，平台优惠券由平台承担优惠券上的优惠金额。

② 主播优惠券：由达人设置的优惠券，用户可在主播直播间购买指定商品时，抵减优惠对应金额，主播优惠券由主播自行承担优惠券上的优惠金额。

③ 店铺优惠券：由商家设置的优惠券，用户可在店铺内购买指定商品时，抵减优惠券对应金额，店铺优惠券由商家承担优惠券上的优惠金额。

2．优惠券的适用范围

不同类型优惠券适用的商品范围不相同。

店铺优惠券：适用于发放优惠券的店铺内的指定商品（部分或全部）。

主播优惠券：适用于主播直播间的指定商品（部分或全部）。

平台优惠券：适用于平台指定的店铺或商品，无法使用优惠券的商品，在商品详情页将不展示优惠券。

3. 优惠券的推广渠道

抖音平台的店铺优惠券有点不同，抖音的优惠券分为店铺优惠券和单品优惠券，均可支持折扣、直减、满减三种类型。在抖音新建的优惠券有以下几个推广渠道，可以了解一下这些优惠券的玩法和特点。

（1）全网店铺推广优惠券，生效后会自动展示在"店铺首页"和"商品详情页面"等商家小店内；进店即享，系统会在"直播间商品列表""商品详情页""提单页"等全链路展示并可领用，让用户立享优惠，提升商品转化率。支持店铺通用优惠券、指定商品可用优惠券。适用场景为日常营销、直播电商、短视频电商、达人带货等。

（2）自有渠道推广优惠券，生效后不会自动在商品详情页、店铺首页等自动展示，需要商家自行发放。用户领取后不会在直播间商品列表、商品详情页等展示，但在下单时可以看到并使用该优惠券。支持店铺通用优惠券、指定商品可用优惠券。适用场景为直播间发放、客服发放等。

（3）店铺新客优惠券，是由店铺官方抖音账号在直播间内发放，仅店铺新人可领取的优惠券，仅支持店铺满减优惠券，适用场景仅限开通店铺官方账号的直播间。

（4）粉丝专享优惠券，是由店铺官方抖音账号在直播间内发放的，仅官方抖音账号粉丝可领的优惠券。用户在直播间领取后可以在直播间商品列表、商品详情页展示，在下单时使用该优惠券。支持店铺通用优惠券、指定商品可用优惠券。适用场景仅限店铺官方账号，在直播间手动发放粉丝专享优惠券。

（5）达人定向优惠券，是由合作达人在其直播间内发放的商家优惠券，可设置为普通优惠券或粉丝优惠券。支持店铺通用优惠券、指定商品可用优惠券。适用场景合作达人带货。

（6）单品广告渠道优惠券，是仅在广告渠道可领取的优惠券。仅限指定商品可用优惠券。仅限开通广告资质的商家。

四、组合促销活动

组合促销是促销方式中的一个重要组成部分，是指将商家可控的基本促销措施组成一个整体性活动。促销的主要目的是满足消费者的需要，而很多时候消费者的需要很多，要满足消费者需要所应采取的措施也很多。因此，主播在开展促销活动时，就必须把握住基本性措施，合理组合产品，充分发挥整体性优势和效果，如套装购买半价起、夏日清爽优惠组合装、买A送B、加10元送C产品、第二份半价等组合。

（一）宠粉秒杀限量款：粉丝专属

关注主播加入粉丝团，就可以享受这个价格。很多主播都会在直播间再三强调加入粉丝团，不加粉丝团不发货等这样的话术，但其实在直播间买商品的人是不是粉丝团的人，主播是不知道的。目前也没有渠道让运营者知道下单的人是不是粉丝团的。主播主要是用这个噱头吸引粉丝关注，增加直播间权重，以便给直播间带来持久的人气。

（二）组合套餐主打款：利润保障

即使是宠粉款、引流款，笔者也不建议大家赔钱去做。因为宠粉的产品、引流的产品是每一期都要做的。那问题就来了，去哪里找 1 元包邮、9.9 元包邮的引流款、宠粉款商品呢？

现在这样专门为直播带货而生的供应链有很多，比如，化妆品和居家日用品两个大类目的厂家供应链，有很多产品可以做到 1 元包邮、9.9 元包邮，而且有些还支持一件代发。

（三）到店体验高价款：门店导流

要为线下门店设计一些导流的套路和模式。比如有一款大衣很贵，在直播间很难成交。但其实你可以在直播间简单介绍一下，价格贵的产品易形成话题，但是不用在直播间为这款产品花费太多的时间，这款产品可以做成对接线上线下的链接。

总之，直播前的产品组合策划很重要。我们要给用户创造一种超值的感觉。

五、点赞活动

如果一场直播没有提前造势宣传的话，即使内容再好观看直播的人也可能不多。主播应该提前直播告知粉丝福利有什么？产品优势是什么？突出直播要点的同时还要懂得精准推广。主播可以用小视频（或者是文字）的形式进行直播预热，还有一键转发到朋友圈功能为直播造势、导流，流量多了成交的可能性也就大了。

（一）点赞的介绍

为了让直播间提升人气，促进粉丝下单购买，很多主播会在直播间用不同的话术和福利来引导粉丝点赞，如点赞到一万，送出今天的第一个福利；点赞到十万，原价 99 元 10 斤的海南金煌芒一折秒杀，9.9 元 10 斤等来引导粉丝点赞。除了活动引导点赞，也可以用直播话术引导粉丝点赞。

（二）增加点赞数的操作

抖音直播的算法跟短视频一样，都是流量池机制，这也是抖音能够火的核心。影响直播权重的因素主要包括：直播时长、观众停留时长、进入率、互动率、音浪、转化率等。可以从以下 3 个维度来增加直播间的人气和点赞数。

1. 保证直播时长和频率

如果想长期运营直播，那么最好能保证直播时长和频率。如果时间允许，最好能每天直播，如果不能，一周也至少要保证 2~3 次，每次直播 2 小时以上。

2. 提升观众进入率

进入率反映了观众看到直播间内容后，选择是否进入直播间。而想要观众在发现直播间的时候能进入，就要在封面和短视频创意上下功夫。

3. 提升观众停留时长

想要提升观众的停留时长，最要紧的就是你的直播得有干货。作为一个新手主播，当你还没有和观众建立起强烈的信任感时，上来就直接卖货，很容易败好感。

六、粉丝群活动

粉丝群主要包括淘宝群聊、粉丝团、微信群等粉丝群运营。直播群为全新类型的群，主播可用于运营直播间铁粉及以上粉丝，平台提供最强的触达能力，并定制群内相关功能，以期帮助提升直播与粉丝间的持久黏性，锁定其在直播间的长期稳定消费。

抖音直播平台的粉丝群及加群界面如图4-3-9所示。

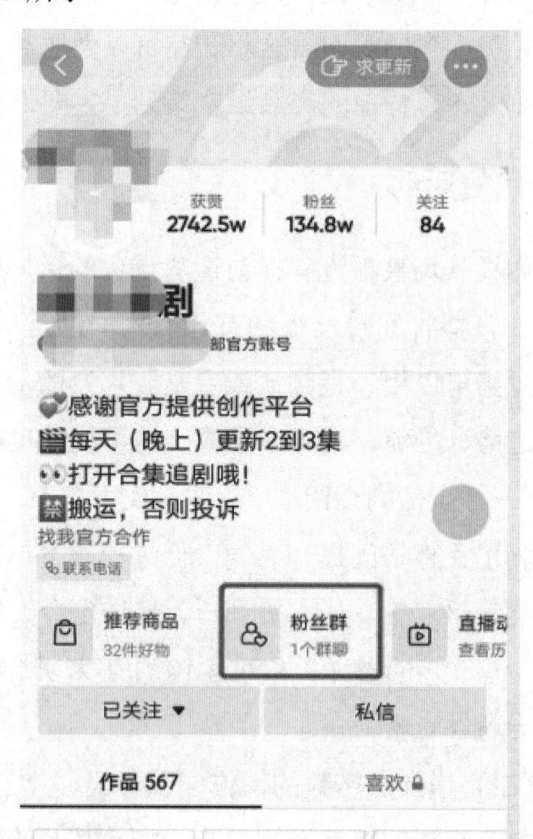

图4-3-9 抖音直播粉丝群

（一）直播粉丝群的介绍

直播视频可以发布快速通知。有任何新作品、新动态，群内粉丝可以立即接收到。

粉丝加群门槛可以自由定义设置。想根据粉丝团等级发展核心粉丝也没问题。

重要信息群公告强通知，再也不怕粉丝看不到群公告。

群内支持各种活动玩法，如红包、连线、表情包等。

（二）直播粉丝群的操作

如图 4-3-10 所示，主播选择【主播中心】—【直播管理】—【粉丝群管理】项，在右上方点击【创建群聊】按钮，这样就可以创建一个粉丝群。开启直播后，在直播间点击三个点按钮，选择【设置】—【粉丝群管理】项。在这里，主播可以选择开放申请，这样粉丝就可以顺利加群。

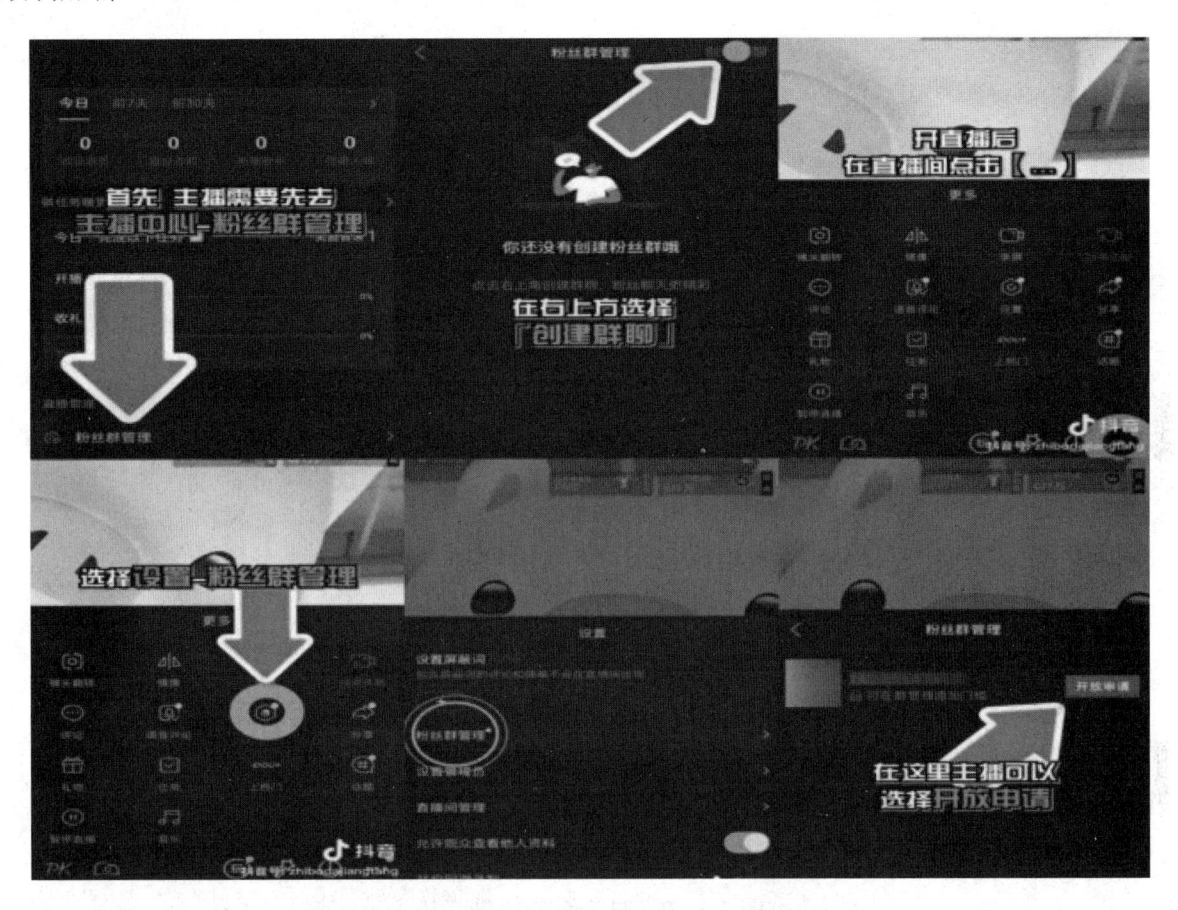

图 4-3-10　抖音粉丝群创建与管理

在直播间内，粉丝加入粉丝团后，可点击粉丝团面板右上角【群组】—【群聊】项，即可申请加群。

主播可以通过群口令分享以及直接添加粉丝，邀请粉丝进群。

进群后，主播可以为本群设置管理员、进群成员条件、发布群公告，进行粉丝群维护。

开播前，主播可以用直播预告开播提醒、直播话题和背景音乐征集，为本场直播做好充分准备。

开播中，分享截屏录屏到粉丝群，讨论 PK 战术，打比赛拉票，场内场外联动气氛。

下播后，进行生活日常分享、问题解答、与粉丝视频语音交流（群内自带美颜），树立亲近的主播形象，让粉丝更加喜欢。

七、竞价广告活动

（一）竞价广告的介绍

竞价广告可以活跃粉丝触达，高效触达自身粉丝流量，引导粉丝进入直播间促活下单；还可以持续积累粉丝数，稳定持续增加新粉，长期提升粉丝转化效果，如图4-3-11所示。

图 4-3-11 抖音竞价广告

竞价广告有四点核心优势：实时联动的投放状态、全面的数据披露、个性化的流量覆盖、多样的转化目标，如图4-3-12所示。

图 4-3-12 抖音竞价广告优势

如今观看直播已经成为人们的娱乐方式之一，直播作为一种原生的内容形式，是视频之外的用户常用的交互场景，相比视频增加了互动优势。从用户体验方面来说，直播在形式上更为立体、内容更生动，商业引导方面也更自然。

直播引流是各类商家通过在抖音平台开播来提升流量获取和转化能力的一种商业玩法，旨在广告投放效率和投放效果上实现提升。竞价广告转化目标如表4-3-1所示。

表 4-3-1 竞价广告转化目标

投诉诉求	转化目标	优 势	劣 势	出价建议/万元	适用场景
提升直播间人气	直播间观看	冷启动时间短；起量快；降低直播间引流成本	带来的人群成单意向偏弱，需配合直播间加强引导性，建议精细化定向	0.5~2	关注在线峰值

续表

投诉诉求	转化目标	优势	劣势	出价建议/万元	适用场景
提升直播间人气	直播间停留	有助于用户停留积累人数；长期带动直播间氛围	用户行为深度相对较深，可能冷启动会偏慢一些	2~3	关注用户留存
提升直播间氛围	直播间加粉	优化粉丝积累	用户行为偏个性化，成本不稳定	20~30	关注粉丝沉淀
	直播间评论	优化评论次数	用户行为偏个性化，成本不稳定	10~20	关注评论氛围
	直播间打赏	优化打赏次数	用户行为偏个性化，成本不稳定	30~40	关注打赏次数
提升直播间ROI	直播间查看购物车	与商品有关的行为中，行为深度最浅，易于过冷启动	成本可能不稳定	1~3	关注GMV
	直播间商品按钮点击	更容易找到高购买意向人群	—	2~4	关注GMV
	直播间成单	最贴近电商直播间的核心诉求，便于出价和实时优化；最大限度地提升ROI	由于用户行为深度较深，冷启动会稍慢	30~100	关注GMV

直播间引流竞价广告定向优化建议，如表4-3-2所示。

表4-3-2　竞价广告定向优化

直播间引流可以触达哪些用户	这些用户能给直播间带来什么	通过什么思路找到这部分用户	有哪些适配的产品功能	如何和创意联动让效果最大化
品类直播间关注用户在该品类下具备一定的直播习惯	带动直播互动 促进成单ROI	定投品类相关达人的观看与直播互动（评论、送礼、加购、成单）人群	品类强看播人群包 品类强互动人群包	突出当日直播特点，如福利、优惠等
品类内容关注用户关注该品类但不具备直播习惯	带动直播互动 促进成单ROI	定投品类相关达人抖音粉丝及抖音互动（点赞分享）人群	品类粉丝群体人群包 抖音达人定向	直播间路径强引导；素材与当日直播内容具有联动性
电商直播习惯性用户具备其他品类的直播习惯	带动直播互动 转化成长期粉丝	定投品类相关上/下游达人粉丝及电商直播间观看人群	抖音达人定向 用户行为兴趣定向 直播类别人群包	突出产品新、奇、特，强调品类上/下游的相关性
潜在电商直播用户未被电商直播覆盖的用户群	拉动直播UV 转化成长期粉丝	基于潜在用户画像泛投对应人群标签	抖音达人定向 用户行为兴趣定向 直播类别人群包	突出产品新、奇、特，具备抖音爆款视频的刺激点

（二）竞价广告的操作

1．抖音广告投放步骤

要想在抖音平台上投放广告，须通过开户——充值——资质审核——投放广告这4个步骤。

(1) 开户

官方：官方帮助广告主开户需要收取 1 000 元手续费，但是后期不会给予任何的投放建议。

代理商：每个代理商的经营模式存在着不同的标准，如部分广告主不仅提供开户，而且开户后还会提供代理运营服务。

(2) 充值

官方需要预充值 10 000 元以上，代理商的收费标准也存在差异，不同代理商收费不同。

(3) 资质审核

营业执照、法人身份证、行业资质等。

(4) 投放广告

抖音广告有独立的广告后台，广告主可以自主投放，也可以聘请专业的第三方代理商投放，因为他们更清楚目标客户的需求是什么，在设计广告素材时，从用户的真实需求出发，可以带来更好的广告效果。

2. 抖音广告的 4 种投放方式

(1) 抖音开屏广告

可以利用短视频展示出来，因为开屏广告作为抖音平台上的第一道入口，视觉冲击强，可以强势锁定新生代用户主力。

(2) 抖音信息流单页广告

可以利用多种短视频方式，展现样式原生，竖屏全新视觉体验，账号关联强聚粉，可以分享、传播等多种方式灵活并用，同时支持多种广告样式和效果优化方式。

(3) 抖音贴纸

可以利用品牌定制的抖音贴纸，如 2D 脸部挂件贴纸、2D 前景贴纸这两种类型，购买 3 天抖音贴纸栏第一行第四位，以及 4 天的位置随机，连续购买后需要设计多款贴纸，以保证每周更换。

(4) 抖音达人合作

抖音达人合作特指由抖音达人为广告主制作并发布商业推广视频的广告服务。达人根据广告主拍摄要求提供文字版视频创意拍摄脚本，文字版拍摄脚本确认后进入视频拍摄环节。视频时长 15 秒，视频内容确认后，达人按照广告主指定时间在抖音账号下发出。

3. 直播间投放广告 DOU+产品

(1) DOU+产品介绍

DOU+是一款视频/直播间加热工具，可高效提升视频/直播间的曝光量及互动量。产品形态分为视频 DOU+和直播 DOU+，分别适用于短视频加热场景以及直播间引流场景（以下内容来自抖音平台）。

视频 DOU+是一款为抖音创作者提供的视频加热工具。不仅能高效提升视频播放量与互动量，还能提升视频热度与人气，吸引更多兴趣用户进行互动与关注，实现提升视频互动量、增加粉丝关注等目标。除了能给自己的视频投放 DOU+加热，还可以为他人视频进行 DOU+加热，通过手机端即可使用。

直播 DOU+是一款为抖音主播提供的直播间加热工具，能够增加直播间的热度、曝光率，从而带来更多观众进入直播间，帮助商家解决直播间人数少、粉丝量少和冷启动难等问题。

（2）视频 DOU+与直播 DOU+的区别

视频 DOU+是针对视频本身，为视频带来点赞互动；直播 DOU+更偏向于推荐给潜在对直播间感兴趣的人群。两者推荐的侧重点不同，如果是希望直播间能带来更多观众，建议选择直播 DOU+进行投放。

任务4 直播收尾的核心思路

一、引导用户参与关注

在直播收尾阶段，应当引导用户参与关注。对于用户来说，关注主播可以第一时间获得主播的开播信息，更方便参与主播粉丝的一系列互动。对于主播来说，有助于形成粉丝效应。吸粉量是衡量一个直播间是否优秀的重要标准。转粉率越高，直播间越有人气，直播的流量和销量才会越好。同时，得粉丝者得天下，粉丝在手，卖啥都不用愁。粉丝基量越大，粉丝黏性越高，直播间上人越快，主播商业价值越高。

用户进入直播间后，点主播头像右侧的加号（或心形图标）就可以关注主播。也可以选择点某个主播的头像后，点击【关注】项。

以下是引导用户参与关注的办法。

（一）利用直播间运营手段

想要将公域流量转化为私域，必须做到 360°无死角加粉。在很多直播间，主播和助播每 3~5 分钟就会引导加粉 1 次。吸粉这项工作，主播要时刻留意，助播也必须给予帮助，见缝插针引导加粉。当然，吸粉也要把握好速度和节奏，如果不分场合，容易适得其反。

1. 利用抽奖活动

在直播间设置抽奖活动，而且抽奖的中奖者必须关注主播加入粉丝群，联系客服才能领奖。

2. 利用客服链接

设置好客服链接，请用户点击客服链接咨询售后问题。在客服对话中，引导粉丝关注和进群，帮助用户更好地解决售后问题。

3. 利用秒杀活动

每个直播活动中通常都有爆款商品的秒杀环节。秒杀环节是用户最关注的环节，也是直播间气氛最热烈的环节。在秒杀开始之前,用户想知道究竟哪一款商品是最佳性价比的爆款,也想参与秒杀试试自己的手气。用户的参与感很高。在秒杀开始之前,引导用户关注,用户通常会非常乐意,因此这是很有效的吸粉手段。

4. 讲述分享步骤

主播在直播间讲述分享的步骤,教粉丝如何分享到社交媒体。如果主播对粉丝有很好的影响力,粉丝也不会介意将直播间分享到自己的社交媒体如微信群聊、微信朋友圈、微博等。通过二次传播,有助于更多的粉丝关注,形成更佳的粉丝效应。

5. 利用优惠券

在直播间里设置一种优惠券——只有关注才能领,并且优惠券相关的爆款单价非常低,和日常款形成一种价格反差,让粉丝产生一种毫无顾忌直接拍下的冲动。

同时,控制好爆款的库存数量。根据新进流量来逐步增加库存数量。这种数量的把控让后面进来的新粉丝有后悔和错过的感觉,让粉丝相信这个主播以后肯定还会有更好、更便宜的货,从而关注这个主播。

(二)满足客户的产品需求

商业直播受众人群是基于产品衍生的,所以在直播中,对产品的需求是基础,从需求层面出发,主播如果在产品上能帮助粉丝切切实实解决需求,那么就会被关注。解决产品需求建议从以下3个方面入手。

1. 性价比

选品的时候要产品优惠和产品质量同步出发,追求性价比,至少不能让粉丝觉得亏,这就是成功的第一步。如果直播间买的产品比平时的价格贵,那么直播间很快就会消亡。

2. 专业性

产品越来越多,观众选品越来越累,这时就需要主播凭借自己的专业性打动粉丝,通过一些众人所不知道的技巧和专业词,来维护自身的权威和产品的吸引力。

3. 售后保障

消费者购买产品其实最害怕的就是售后,遇见问题或损坏没人处理。主播要承担起这个责任,作为推荐者需要保障完善的售后链体系,与商家对接好。

(三)引起客户的好奇心

除了直播间的运营手段以及满足用户的产品需求,还有一种方式对转粉非常有效,就是利用好奇心。每一个粉丝数量多的主播,都有自己独特的主播风格。有的主播幽默成熟,有的主播创意无限,有的主播才艺一流。

幽默成熟类型一般以男主播居多,他们不仅知识渊博,而且逻辑清晰,给人一种成熟稳重的感觉,幽默的语言也是吸引粉丝的关键。虽然他们未必人气很高,但是直播中永远不缺乏粉丝。

有的主播长相并不出奇，但是每次直播都非常有创意，你永远想象不到他们的下一场直播会出现怎样有创意和想象力的内容。

能歌善舞的主播也是比较多的，他们不仅长相较好，而且还身材好、有气质，他们的才华也很能吸引粉丝，在愉快、热闹的氛围中，粉丝怎能不折服呢？

二、关注直播流量数据

一场直播结束后，需要做好数据统计。每次下播后都应该查看本次直播的在线人数、获得的礼物打赏等。将这些内容做好统计，方便分析总结和提升。

（一）流量基础数据

流量基础数据主要包括观众总数、新增粉丝数、评论人数和付费人数。这类数据可以看出新粉转化的能力和评论互动率，如图4-4-1所示。

图 4-4-1　抖音流量基础数据

流量基础数据主要用来分析新粉转化的能力和评论互动率，这类数据主要包括观众总数、新增粉丝数、评论人数和付费人数。

看转化新粉能力要看占比，直播转化新粉占比=新增粉丝/观众总数。

看直播的互动情况，评论互动率=评论人数/观众总数。

流量差的原因可能是私域流量不够或者是公域流量没有流量权重，也有可能是终端传达页信息不精准。

改进要点就是要把主要精力花在引流上，引流主要有付费流量引流和免费私域流量引流，或者也可以依靠主播的IP流量及站外流量引流。

但是有了流量之后，IP、话术、整个直播场景以及货品能不能够承接，也是最终能否转化的关键。

（二）流量来源数据

有些人直播后会发现，自己的流量虽大但是粉丝增长很少。这种情况是正常的，多半由于流量来源不精准导致。而直播的观众主要可以从关注页、直播广场、视频推荐、同城这几个渠道进入，其中直播广场和视频推荐属于获得推荐的流量，来源并不算很精准，就有可能会出现流量大而涨粉难的情况。

另外，通过直播间用户停留时长、互动率等数据也可以判断出流量的精准度。

（三）直播电商数据

商品展示次数：商品展示给用户的次数、直播间内的弹窗、用户点进购物袋浏览商品都算是展示。

商品点击次数：指用户实际点击商品的次数，以及点击进入商品详情页的次数。

除此之外，还可以关注"我的橱窗"访问次数数据。橱窗的入口一般在主页和商品详情页的右上角，可以看到多少人访问了橱窗。从商品详情页到生成单的转化也可以看出产品本身的吸引力。

商品点击曝光率 = 直播间用户实际点击商品的次数/直播间所有观众的人数，点击进入商品详情页。

商品点击付款率 = 直播间用户实际点击付款商品的次数/直播间观众点击商品的次数，指用户点击商品然后付款的概率。

当点击率和付款率之间存在明显差异时，可能是产品 SKU 不丰富、产品价格不够有优势、主播的销售话术还能优化。

商品点击曝光率代表主播的引导能力和货品的吸引力，能够让用户完成从商品详情页到生成单的转化，是对产品本身吸引力的最好证明。

（四）直播观看数据

对直播本身的观看方面，需要关注直播次数、直播时长、观看次数、用户观看时长几个数据指标需要关注。比如一个主播一周内一共开播了 4 次，我们可以用所有用户观看的总时长除以观看次数，从而得到平均每位用户停留的时长。

如果平均每位用户停留时长短，我们可以通过直播间布置的提升和主播话术的提升增加直播间吸引力。用户在直播间的停留时长短，也就是完播率低，可能和很多原因有关，如直播内容无趣、主播没有激情、节奏过慢、和自己同类别的竞品有大主播存在等。需要错开高峰，或者在直播中提升主播的话术、激情和节奏，还可以通过直播间场景的布置增加吸引力。

如果互动率较低，我们可以通过主播引导增加互动。抖音直播间福袋发放是一个很好的互动活动，不仅可以增加观众和直播间的互动，还能拉高直播间平均用户停留时长。

三、计算直播销售转化率

直播数据复盘分析时要重点关注流量、转化和成交。简单来说，就是流量不够高就要找流量，转化不高看产品，成交少就要看是不是主播的节奏有问题。

销售额是最能体现直播带货能力的数据指标，但是需要综合分析一段时间内的数据走向，才能更真实地反映主播的直播带货能力。可以通过观察近 7 天的带货直播数据，从每场直播的预估销量和销售额，可以看出一段时间内主播的直播带货效果是否稳定。一旦出现数据下滑的趋势，就要找出原因，尽快调整策略。

直播间观众如果对商品感兴趣会点击购物车查看商品详情，主播可以通过直播中出现的"正在购买人数"弹幕来查看。也可以查看直播间商品点击率，快速了解直播间的流量转化效果，及时调整投放策略。

直播结束后要懂得从基础数据中挖掘原因，对转化、成交带来增长的原因进行分析，并对相关问题逐一梳理。

（一）计算直播转化率

直播带货环节中涉及两个转化率：商品点击率、商品转化率。

商品点击率 = 商品点击人数 / 商品曝光人数

商品转化率 = 商品下单人数 / 商品点击人数

如上，想要提高直播转化率，可以从商品的曝光人数、点击人数、下单人数三个方面入手。

商品曝光人数即直播间流量，是直播带货的基础。对于直播间流量，可以用两个字概括：多、准。对于直播运营来说，流量越多越好，越精准越好。

当直播间有流量进入后，主播要争取把粉丝留住并且引导他们点击查看商品，点击商品的粉丝通常对商品感兴趣，有成功转化的可能。从引导粉丝点击商品到最后成交下单，这个过程受到多个因素影响，如直播间商品呈现、主播的讲解话术、商品上架策略、商品优惠福利、销售促单等技巧。

（二）分析直播转化率

直播转化率低可能有很多原因。如选品问题、比价问题、非刚需、流量不精准、卖点表述不清晰等。

1. 选品问题

如果转化率较低，可能是因为选择的产品与账号粉丝的画像存在差别，无法吸引观众购买。

2. 比价问题

在直播营销中，用户的选择面较广，随时可以切换到其他直播间进行比价。如果价格相对竞争对手没有优势，可以考虑调整产品价格。

3．非刚需产品

很多用户来直播间后并没有产生购买行为，可能是产品并非刚需，没有购买产品的欲望。

4．流量不精准

进入直播间的用户人群与主播的定位存在差异，用户在浏览后选择离开，可能是由于流量不精准所致。如果是这个原因导致了转化率低，那么要考虑调整广告投放策略和流量导入策略。

5．卖点不突出

主播没有突出产品卖点也可能导致转化率低。如果主播讲完产品后，用户并没有留下深刻印象，甚至对产品的功能和优势一无所知，那么主播要考虑调整直播话术和直播风格，确保用户一听就懂，印象深刻。

（三）计算亏损或者盈利

直播带货结束之后要做好复盘，相比直播开播前的准备，直播结束之后的复盘工作比重没有那么大，但却是直播优化的关键。

直播结束后的复盘工作要根据店铺本身的需求展开。我们可以根据操作，比如主播和助播的表现，以及团队应对突发状况预案执行情况等进行量化评估。

此外，我们还需要记录一些数据，让团队人员观看录播视频。比如：在某个时间点，直播人数突然骤降；哪些商品的点击数和订单量异常高；哪些数据偏差等。这样就可以更好地优化直播内容，从标题、封面、先导片等角度进行调整。

很多人觉得直播复盘和直播开始前的准备，可以让不同人来负责，但我不这样建议。因为无论是开始前的准备，还是结束后的复盘，都属于统筹的范畴，同一个人进行管理，不仅能够对产品和细节有更深刻的体会，还可以将一切精确到人和物并对此心中有数，做到最好的责任制，在这个基础上优化，要比漫无目的的整改好得多。

做好复盘工作有利于充分分析直播间的盈利亏损，为下一场直播营销做充分的准备。

项目 5
直播营销的传播与发酵

【项目综述】

众所周知,目前的直播门槛非常低,只要有一部联网的智能手机,就可以随时随地开展直播活动。但是"直播+营销"并没有那么简单,因为直播营销是一种全新的营销方式,它结合了现代各种营销模式的特点,让企业、品牌、产品、消费者通过互联网进行直接对话。一场销售转化率高的直播营销,除了要投入极高的成本打造创意内容,还要具备有效的传播技巧。

【项目目标】

知识目标
- 了解直播传播计划如何拟订。
- 了解直播传播的方式。
- 了解直播粉丝维护的方法。

技能目标
- 能够清晰拟订直播传播的计划。
- 能够撰写直播软文。
- 能够制作直播视频并传播。
- 能够制作表情包。

情感目标
- 培养当代直播营销主播的基本素养。
- 增加对直播传播的筹备和顺利开展的信心和兴趣。

【情境导入】

> 晓娅和阿琦了解完直播活动的实施与执行后,在运营主管的指导下,两人参与到直播营销的传播工作当中,如直播营销前期的计划拟订、如何进行视频的编辑和发布、文案的撰写、制作表情包等。同时,他们还了解到,粉丝维护也是直播传播这一环节中相当重要的一项工作。

任务1 直播传播计划拟订

2019年直播电商在一众主播的带动下,迎来了前所未有的热议和巨大的商业空间。

直播带货有多火?2019年10月20日,淘宝"双11"预售第一天,某直播间预售的产品总值预估10亿元,相当于部分实体商场的全年收入。

淘宝直播带货达人"双11"前后成交额可达到几十亿元。依靠快手"老铁经济"火起来的某知名网络主播,2019年直播带货总成交金额达133亿元。直播电商已经走上了快速发展的轨道,不管是平台还是个人,谁都想从中分一杯羹。

直播电商的市场,越快进入,越能抢占市场红利。但是,对于从未有过直播经验的人来说,对如何做好一场直播,甚至如何选择直播设备、如何打造直播间等小问题都是一筹莫展。在进入直播市场的时候,我们首先应该拟订直播计划。

一、确定目标

(一)目标的确定是直播后续传播的基础

直播传播目标的确定不是独立的,它是与企业整体的市场营销目标相匹配的,是开展直播传播工作的根基。对于新手来说,在初始阶段一定不要盲目地开播和实验。在开始直播之前,可以先问问自己:你喜欢哪种类型的直播,喜欢谁的直播,为什么?他的哪些点吸引你;你不喜欢哪种直播,为什么?你讨厌哪些点;如果是你做直播你希望是怎样的,有什么是不能接受的?你有什么顾虑?

同时还要熟知平台直播带货规范,平台哪些货能带,哪些货不能带;直播时需要注意的点有哪些。更要想清楚你要打造一个什么样的主播人设。在KOL(关键意见领袖)的时代,你的粉丝会因为喜欢你这个人,对你产生信任感,而购买你的东西。

(二)目标的类型

直播传播的目标通常包括:提升产品销量、提升产品知名度、提升产品美誉度、促进消费者忠诚度、协助商家快速变现等。

二、选择形式

确定目标后,接下来需要选择传播形式,即以何种形式出现在网友面前。目前常见的传播形式包括文字、图片、声音、表情包、视频这几种。不只是淘宝、抖音和快手这些大家已经熟知的平台可以直播带货,目前微信、微博、小红书、蘑菇等大型互联网平台也都开启了直播电商模式。对于新手来说,初始阶段建议选择一个直播平台进行深度运营。摸索该平台的直播功能和平台调性。因为人的注意力是有限的。如果分散的注意力过多,东一榔头西一棒子,透支了你的注意力,结果就会失败。

要知道,就算是已经年入过亿的直播主播,目前也只在一个平台深耕内容。

1. 图文传播

从单纯图片和文字的传播角度来看,门户网站类也算其中。传播率较高的有博客、微博,如图 5-1-1 所示。而其中能存活下来的,却没有几家。新浪微博算是最大的赢家。现在更多的图文表现都以软文的形式出现。

图 5-1-1 新浪微博 logo

2. 声音传播

从声音传播角度来看,近年来较热门的有喜马拉雅 FM、荔枝 FM,如图 5-1-2 和图 5-1-3 所示,但随着短视频等内容服务行业的冲击,导致以上传播形式并不能占用大众网友的碎片时间,所以,大部分声音传播的媒体也随之消失,仅留存几家公司。

图 5-1-2 喜马拉雅 FM 图 5-1-3 荔枝 FM

3. 表情包传播

德国哲学家恩斯特·卡西尔(Ernst Cassirer)说:"人是符号的动物,即用符号去创造文化的动物,动物只对符号做出条件反应,而人把信号变成有意义的符号。"在移动互联网时代,图像文本以网络表情包的方式呈现,依托社会热点实现更新换代。网络表情包通常以简洁、有趣的图片承载复杂的信息和内涵,受众更易识记和理解,它适应了现代社会人们的交流需求得以广泛传播,表情包文化悄然兴起,如图 5-1-4 和图 5-1-5 所示。

图 5-1-4　表情包 1　　　　　　　图 5-1-5　表情包 2

4．视频传播

短视频类传播的应用有抖音、微视、快手等。短视频基于社交关系或粉丝关系建立的动态视频表达，其更为直接、生动、立体，使用户社交需求得到满足。

三、组合媒体

了解了传播形式后，需要根据不同的目标和需求，对媒体进行组合，如表 5-1-1 所示。

表 5-1-1　组合媒体

传播形式	媒体组合	媒体示例
视频	自媒体+视频平台	抖音、快手、优酷、爱奇艺、公众号
软文	媒体+论坛	知乎、贴吧、公众号、小红书
表情包	自媒体+社群	微信、QQ、微博、公众号

视频对应的媒体平台为由抖音、快手、优酷、爱奇艺等组合而成的"自媒体+视频平台"组合；软文对应的媒体平台为由知乎、贴吧、公众号、小红书等组合而成的"媒体+论坛"组合；表情包对应的媒体为由微信、QQ、微博、公众号等组合而成的"自媒体+社群"组合。

四、确定直播人员

一般来说，一场完整的直播至少需要以下四个角色参与。

（一）直播负责人

明确直播项目负责人，并以周为维度制订直播计划对直播所有事项负责。

（二）运营

设计直播脚本、制定直播目标、选品、申请商品折扣等；负责直播宣传预热、直播数据监测与总结等。

（三）主播

建议一场直播配备两个主播；主播需选择能聊天、形象好，在镜头前展现自然、不怯场的人。主播需懂产品专业、有影响力，会带节奏。

（四）主播助理

助理的作用有：在直播过程中承担管理员角色与粉丝进行互动；负责解答粉丝疑问、打消消费者下单疑虑、增加复购率等；提前对灯光、镜头进行调试；直播过程中协助主播。

五、直播间打造

直播间打造包括网速、灯光、背景、摄像头等基础设施。另外，直播场地选择要考虑的首要因素就是选择合适的位置和灯光以及收音。

（一）合适的位置

匹配商品的场景，与卖的商品场景一致，增加云街的代入感增加信任感，若无法塑造专业场景建议背景干净景深感强，让用户专注在看主播，且看久了不难受。

主播定位在直播间的中间位置，不要边走边播。

直播间无嘈杂音、空间舒适不能过于拥挤。

（二）灯光和收音

灯光到位：灯光一定要亮，如果背景很暗，没法更好展示商品情况。

收音防抖：无线耳麦+手机三脚架。

（三）设备打造

1．两部手机

一部手机用于后置摄像头直播；另一部手机用来观看粉丝弹幕，与粉丝互动。

2．网络环境

保证网络稳定，建议使用 Wi-Fi，如果使用 4G 开播，手机要选择飞行模式，以免电话接入时网络中断。

3．充电设备

备好充电宝、移动电源，保证手机有足够的电量。

4．镜像

前置摄像头是镜像的，如有文字等信息要正确显示可以点击镜像按钮调整。

【想一想】

日常接触过的直播带货中，在预热过程中主播会选择哪些组合媒体的手段来进行宣传和传播呢？你会先关注主播还是先留意活动或者产品呢？

你是否会关注或者参与这些直播前的预热活动呢？

完成以上"确定目标""选择形式""组合媒体"的思路整理后，企业新媒体团队需要将直播后期传播工作细致化、精确化，并设计表单进行整体推进。

思路整理与细节推进都策划完成后，直播营销的传播计划就可以开始执行了。

> **【做一做】**
> 如果你要帮学校的小商城进行一次开学大促直播活动的预热,直播产品包括扫把、拖把、床垫、被褥、洗发水、沐浴露等日常用品,可乐、牛奶、矿泉水等日常饮料,你会如何进行直播传播计划的拟订呢?你会选择哪些媒体组合进行预热和宣传呢?你会如何筛选直播人员呢?

任务2　直播视频剪辑与传播方式

在线直播只能在规定时间内参与,未及时参加的观众无法在直播后了解直播的内容与理念。因此,才会出现很多的直播回放功能。在直播结束后,企业直播运营团队需要将直播内容整理,并推送到各个平台,让观众可以在直播结束后进行点击回顾。

目前网友的浏览需求已经从"无图无真相"过渡到"无视频无真相",通过视频的形式把直播活动推广出去,是直播发酵与传播的最佳方式之一。

视频推广包括思路确定、视频制作、视频上传、视频推广四个步骤。

一、思路确定

直播活动后的视频传播主要有三种思路,分别是全程录播、浓缩摘要、片段截取。企业直播团队需要在视频传播前敲定视频编辑的思路,明确用哪种方式进行直播的回顾和推广,以便达到相应的营销效果。

(一)全程录播

全程录播适用于进行时间较短(30分钟以内)且全程安排紧凑的直播方式,如产品使用介绍、会议记录、简单才艺展示等。这样可将直播的全程录像作为视频主体,除此之外,利用片头与片尾对直播名称、参与人员等进行简要文字介绍即可。有时候,一些产品的新品发布会也会采用这种形式作为事后的推广方式。

(二)浓缩摘要

浓缩摘要适用于进行时间超过30分钟且存在大量等候内容(如体育比赛中场休息、晚会候场等待时间等),或者主播的生活展示(网络主播对自己的日常生活进行直播,直播内容可以从日常装扮、穿搭现场到商场逛街、吃饭等),或者聊天直播类型(其实做主播最重要的就是要学会和游客互动,让更多的人喜欢你,并且给你赠送礼物、打赏。这就需要建立人设,给自己打造一个讨人喜欢的设定,直播的时候就像是在表演一个角色,如白领、音乐人,为了梦想在直播;同时,主播还要与评论区的粉丝互动,关注粉丝,给予其认同感)。

以上这些类型的直播可以采用浓缩摘要的思路,录制旁白作为直播摘要或解读,整体与新闻回顾类似。

例如主播进行自己的日常生活直播结束后,可以单独制作浓缩摘要视频,利用旁白进行直播解读："×年×月×日，主播去了某某某商城购置居家用品、水果等商品，回到家后，制作了一份水果冰茶，过程是……（插入直播过程中的制作流程，并在视频处增加文字标注说明）。"

又例如，电竞直播比赛，可以剪去其候场或者介绍嘉宾、选手的过程，直接截取其比赛过程，某些重点操作可重复一两次播放以增强回顾精彩片段的效果。

（三）片段截取

片段截取适用于整体特色不大、仅一小部分有趣的直播，可以采用片段截取的视频制作思路，仅截取与拼接直播中"精彩""突出""好玩""感人"或"有含义"的片段，其他直播时间将不予理会。

例如，某主播的团队会截取其直播的精彩画面，再加以制作，发布在抖音上，来和网友进行二次互动（见图5-2-1）。

图 5-2-1　片段截取式抖音回顾

【想一想】

选取3个例子，分别是全程录播、浓缩摘要和片段截取3种思路的推广视频，并简单分析其优缺点，基础好的同学可结合SWOT结构图来分析。

二、视频制作

视频制作可分为手机端视频制作和 PC 端视频制作两种大的形式。手机视频制作可以使用剪映、猫饼、巧影、抖音、快手、VUE 等软件直接编辑。PC 端的视频制作可以通过会声会影、Pr、爱剪辑等软件进行编辑。

在现代社会，短视频已经随处可见，各种大神 UP 主（上传者）分享的教程也能让新手很快上手，现在简单列举一下手机端的一些剪辑软件（见图5-2-2）。

图 5-2-2　视频剪辑 App

（一）猫饼

猫饼适合剪辑初学者使用，基础功能都有，整体操作顺畅，App 内的"每日一秒"模板以及 VLOG 新手入门主题都对小白很友好。它有 100 种免费音乐可以选择，能外配音和添加字幕，值得一提的是"定格"和"鬼畜"功能，是猫饼独有的。

（二）Videoleap

Videoleap 是比较专业的一款剪辑 App，算是稍微高阶一点的软件，可以添加多个视频，两个一起播放。能翻转、透明、镜像、变换等，还能做简易的遮罩，可以添加关键帧，叠加图层，很多特效视频就是用这个软件做的，如灵魂出窍、影分身、大片现场。

（三）InShot

InShot 适合入门者使用。编辑界面和功能都很清晰、简单。丰富的转场动画、音效、特效，支持第三方导入背景音乐。它的字体和动静态贴纸十分可爱，还提供中、英、俄、日、韩五种语言和超多种过场动画，仅此独家。

（四）剪映

剪映的功能很齐全，可以绑定抖音账号，模板很多，快速剪辑同款，曲库丰富，重点是可以提取自己想要的声音，滤镜也有很多。适合新手小白快速生成视频。

（五）面包视频

面包视频风格十分可爱，非常小清新，里面含有多种花字特效，可以识别视频语音转成字幕。针对视频调色的滤镜，好看且实用。

（六）大片

如其名，剪辑出来的视频很有大片的感觉，里面有很多预设的片头模板，很有电影感，操作简单，支持任意拼剪。

（七）WIDE

WIDE 拥有超全的旁白库，有上千种旁白可以选择，分分钟拍出电影感，可以给视频自动添加字幕和背景音乐，有其独特的高级质感。

以剪映为例，简单展示以下视频制作的基本功能，如图 5-2-3、图 5-2-4、图 5-2-5 所示。

图 5-2-3　剪映功能 1　　　图 5-2-4　剪映功能 2　　　图 5-2-5　剪映功能 3

手机端的视频剪辑软件一般有几个大的界面：首页（创作纯原创视频或一键成片）、剪同款（套模板生成视频）、创作学院（视频剪辑技巧的教学）。

在首页当中，制作者可以选取不同的原创视频片段，进行剪辑和拼接，再配上文字和音乐，形成一个原创的视频。

在剪辑同款的界面时，软件会根据每天或者每周的视频热门程度，为创作者提供不同类型的模板，创作者只需要插入视频即可生成具有背景音乐和文字描述的成品视频。这种方式相对来说比较方便快捷，但是缺乏原创性和独特性。

创作学院的界面有点像视频剪辑小教程，会为创作者提供素材和指导意见，更适用于想拥有自己独特性视频的制作者。

其余更多视频制作软件的使用方法可以在不同的软件官网进行查看，或在百度搜索"××软件使用方法"，进行学习与操作。

【做一做】

请下载 1~2 种手机视频制作软件，并制作一个讲述自己一天生活轨迹的视频，时长在 1 分钟以内即可。

三、视频上传

视频制作完成后，可以上传至视频网站或者手机 App，便于网友浏览。目前可供上传的视频网站包括优酷网、爱奇艺、腾讯视频、哔哩哔哩等；可供上传的手机 App 有抖音、微视、快手等。

在视频上传之前，需要阅读网站的上传注意事项，特别是网站对于视频大小、视频格式、视频清晰度、视频二维码等内容的限制，防止因违反网站规定而无法上传或审核不通过。

现阶段各大视频网站对于视频的基本规则限制，如表 5-2-1 所示。

表 5-2-1　各大视频网站对于视频的基本规则限制

网站名称	格式要求	大小限制/G	时长/s
优酷	wmv、avi、dat、rm、rmvb 等	≤15	≥15
爱奇艺	avi、f4v、wmv、asf、rmvb 等	≤10	≥3
腾讯视频	mp4、flv、m4v、mov 等	≤4	≥1

四、视频推广

为了使网络直播活动效果持续发酵，需要进行视频推广，以便更多的网友点击查看视频。网友浏览互联网视频，主要通过视频网站推荐、主动搜索、自媒体平台推送三种途径，以下主要讲解前两种。

（一）视频网站推荐

视频网站首页、内页通常有推荐栏目。为了提升视频浏览量，运营负责人需要与视频网站充分沟通，了解推荐规则，按照推荐规则优化视频并提交视频推荐申请。例如，如果你制作的是偏向于鬼畜、国漫、电影解说等类型的视频，适合在哔哩哔哩平台进行发布，如图 5-2-6 所示。

图 5-2-6　哔哩哔哩首页

如果你的视频是偏向于微电影，可以在优酷、爱奇艺等平台发布，如果微电影制作得好，甚至可以获得这些平台对于版权的购买。

如果你比较喜欢拍摄搞笑视频，时长又比较短的话，可以在美拍、抖音、快手这些平台发布，圈粉比较容易，能够得到比较好的推广效果。

（二）主动搜索

网友通常会再搜索引擎网站或视频网站搜索相关关键词，获取希望看到的内容。显然，排名靠前的视频会获得更多的点击量。

为了让网友搜索相关关键词时能够发现企业的直播视频，直播团队需要对视频文字进行优化，将相关关键词植入视频标题、视频描述等文字内容中。

如某电商平台的直播视频上传后，原标题为"×××平台直播视频"，优化后可增加"买买买""折扣优惠""双11"或者"6·18大促"等网友常搜的相关关键词，标题改为"某某某主播带你双11买买买"来提升搜索热度。

【想一想】

通过平时的积累，你在剪辑视频之前，素材来源的渠道和工具有哪些？

请以小组为单位进行讨论，从以下几个方面思考不同素材的来源渠道和工具。

（1）视频素材
（2）图片素材
（3）配音素材
（4）排版工具
（5）字体素材
（6）文案素材
（7）作图工具
（8）数据分析工具
（9）热点榜单

【课堂小实训】

根据上文练习中的"开学大促直播"，直播结束后由你负责视频传播。

请撰写你的视频传播规划，包括视频制作思路、上传规划、视频推广规划等。

① 使用手机制作软件剪辑成一个20分钟内的直播视频回顾，要求配上文字、背景音乐等效果。
② 按要求上传至哔哩哔哩视频网站。
③ 采用微信朋友圈推广的方式来增加视频的点击量。

任务3　直播软文撰写的5种技巧

为了覆盖不同特点的人群，直播软文的常用撰写有5种技巧，包括行业资讯、观点提炼、主播经历、观众体验及运营心得。

一、行业资讯

行业资讯类软文，常见于严肃主题（新闻发布会、媒体推介会等）直播后的推广，主要面向关注行业动态的人群。通过行业资讯，将直播活动以"本行业最新事件""业内大事"等形式发布于互联网媒体平台，吸引业内人士关注。

那么企业究竟应该如何撰写这类软文呢？

1. 精心制作新闻软文标题：建造引导读者向深层信息进入的第一航标

在新闻软文推广中，软文标题已经成为受众决定是否索取网站深层内容的第一引导力量。好的标题会吸引、刺激、引导读者点击链接索取下一层新闻内容；而不好的标题则成为深层新闻内容展示的直接障碍。一个网络媒体要想吸引受众向网站的深层内容进入就必须强化"标题意识"，在标题的制作上下大功夫，让新闻标题对受众具有"不可摆脱"的吸引力。

为此，新闻软文标题制作要达到以下标准：

① 要清晰准确地说明一个新闻事实；
② 要突出一个新闻中最为重要的新闻因素；
③ 强调一个新闻中最新的变动；
④ 揭示新闻中最为本质的变动意义。

在实际操作中，这4个要求或许不能同时在一个新闻软文标题中实现，但是在新闻软文标题中，这4个要求被实现得越多，其标题的质量就越高。

2. 突出重点新闻软文要素：让文章适合于扫描式阅读

网上读者阅读新闻的主要方式为扫描式阅读，在这种阅读方式下，要想保证读者能够容易、清晰、准确地捕捉新闻的核心内容，在写作上就要做到：一是将重要的新闻因素用最清晰的文字方式描述出来；二是要对重要新闻因素进行合理排列。

3. 制作便于检索的导语和概要：让新闻软文在搜索引擎上脱颖而出

搜索引擎已经成为人们检索网上信息不可或缺的重要工具，美国 SUN 公司研究机构的研究发现，至少超过半数的网络使用者依赖于搜索引擎去发现自己需要读的网页。因此，让新闻更容易被受众检索和查询，是扩大新闻传播的影响范围、增强新闻的再度利用率的重要手段。

新闻软文是一种软文广告，软文广告由于在形式上的隐蔽性和表达上的悬念性、完整性与可看性，抓住了消费者的心理，为企业的宣传起到了立竿见影的作用。企业要想利用软文宣传推广就必须注重软文质量，发布平台的选择以及后期的维护都是应该多加重视的。

二、观点提炼

观点提炼类软文,需要提炼直播核心观点并撰写成文。互联网资讯铺天盖地,而网民的碎片时间有限,更希望直接看到最核心的内容,因此观点交流类软文是较受网民欢迎的软文形式之一。

软文中可以提炼的核心观点包括企业新科技、创始人新思想、团队新动作等。

1. 观点软文的含义

观点软文顾名思义,就是文章以观点为主,一事一议,发表自己的见解和主张,简明扼要。

【案例分析】

> **中国需要更多"淘宝"**
>
> 我国某著名经济学家在杭州发表演说时,详细阐述了世界金融危机和中国经济目前遇到的困难。他强调,中国可能需要发展独立的服务业,需要一批像"淘宝"这样的能增加就业、拉动社会需求、支持中小企业发展的现代服务型企业。
>
> 他还以淘宝网实例说明,网店不但能够解决一大批弱势群体的就业问题,交易的每一个环节都能带动一个产业发展。
>
> 他呼吁,要想走出金融危机的影响,为现代服务型企业创造良好的生存环境,就需要培育一批有国际竞争力的新兴企业。

2. 观点软文的写作格式

标题:

某某某(作者名字):标题

正文:

① 某某某指出……

② 就网站发展问题,某某某认为……

③ 某某某称……

某某某是×××网站的负责人,在过去三年间,×××网站已经在教育网站领域取得显著地位和广泛影响力。

④ 用第一、第二、第三来分条表达。

3. 观点软文的写作指南

① 字数不要太多,三五百字即可。

② 一事一议,表达完一个观点,立即罢笔,一个观点一篇文章。如果有多个观点,可写成多篇。

③ 写作时上手容易，但应注意语言的锤炼，文章越精越简短有力越好，把多余的废话、水话删除。

④ 如果没有素材，不知道该怎样表达，可以和朋友聊天、交流，把对话中精彩的讨论摘要出来，即可成文。

三、主播经历

主播经历类软文，不是从企业角度出发，而是从主播的第一人称角度，类似主播的一篇日记，对直播进行回顾。

与一般性介绍的企业文章相比，主播撰写的文章更有温度，更容易拉近与读者之间的距离。因此，在主播的文章中植入企业核心信息，可以有效地使核心内容覆盖更多的读者。

如图 5-3-1、图 5-3-2 所示，知名主播在直播后，在他们各自的微博或者产品的官方微博阐述了他们在直播时的心情、体会、经验，还有产品的特性等。大 V 们的亲身经历，无疑使得这场直播回顾更容易引起读者的阅读兴趣和共鸣。

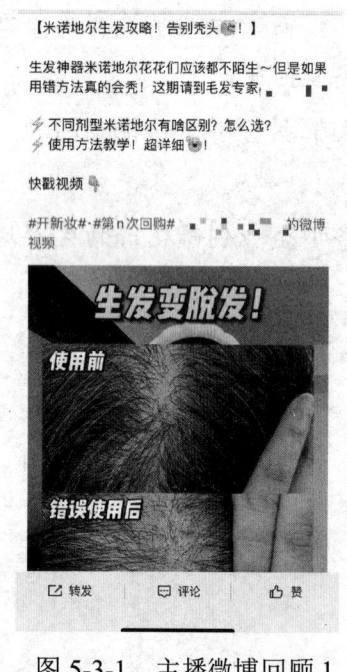

图 5-3-1　主播微博回顾 1　　　　图 5-3-2　主播微博回顾 2

四、观众体验

观众体验类软文，完全以第三方的语气讲述一场直播。由于和主办方、主播都没有关系，因此文章撰写可以更随意、更博人眼球。如图 5-3-3 和图 5-3-4 所示。

例如，一场户外旅行直播结束后，企业或主播发布的文章只能正面描写旅行趣事、风景优美等信息，而观众则可以从"我都没听主播说话，只顾着看风景了""这是一场行走中的相声表演"等角度写文章，反而更接地气。

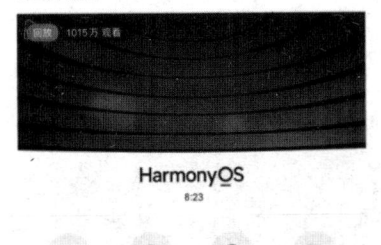

图 5-3-3　华为直播回顾　　　　图 5-3-4　华为直播回顾下的观众评论

【案例分析】

如图 5-3-3 和图 5-3-4 所示，2021 年 6 月 2 日，在 HarmonyOS 2 及华为全场景新品发布会上，许多观众通过直播或者直播回放在微博上进行互动，表示对新品的支持和期待。也有一些网友不是通过评论，而是通过自行新建微博发布观后感，如图 5-3-5 所示。

> #华为为什么坚持鸿蒙系统#个人认为，华为手机在硬件上毫不逊色于苹果公司的iPhone，唯一不足之处就是操作系统部分，应用的是开放的安卓系统。如今，随着华为鸿蒙系统在手持终端设备中的广泛运用，其流畅的操作体验，安全稳定的系统，不同设备不同系统间的有效兼容，会赢得更多用户的喜爱。#华为鸿蒙发布会#

图 5-3-5　新建话题发布观后感

五、运营心得

运营心得类软文，从组织者的角度分享一场直播幕后的故事，主要面向直播从业人员及相关企业策划人员。此类软文可以从"我是如何策划一次直播的""一场万人参与的直播筹备五部曲"等角度进行直播运营的心得分享，文章可以在公众号、知乎、贴吧等平台发布与推广。

【案例分析】

7 月 16 日晚上，我做了一场宠粉直播，本来就是想宠一下粉丝的，没想到效果会这么好。2 小时直播，看点直播间人气突破 61 000 人，官方说这个人气进前五十名稳了！

先晒一下成绩吧！
- 3 000瓶"不二酱"抢购一空！
- 短视频系列图书卖出1 500册！
- 150+人购买短视频系列课程学习！

我自己是这样评价这场直播的。

1. 做教育的人带货，有很大的风险，其本身是自带权威感的，一求人买东西，容易变成小二，有自我矮化的嫌疑。很多老师带货的心理顾虑在这里。

2. 讲课讲习惯的人，容易在直播间把观众当学员，而不是当顾客。习惯卖货的人，又很难把顾客当学员，两者如何平衡，对任何人都是一个挑战。

3. 我的想法是把产品和讲课内容研发结合起来，我讲的是课，但是课的案例、梗，还有惊喜创造的时刻和产品做无缝植入。这样大家明明听的是课，却被我反复多次植入了广告，不知不觉就诱发了兴趣，买了不二酱。

4. 即便做了这样的设计，也容易引起反感，所以我必须建立带货的人设。我认为这个人设来自以下3点：

（1）我的确是"不二酱"的忠实用户，天天吃，经常夸，大家知道我是真心推荐。

（2）我必须持续直播，让大家慢慢接受我也是可以卖东西的人设，不至于觉得突兀。

（3）幽默感+有意思的肢体动作+互动式开挂语言，会让直播间氛围变得有趣。

特别是第3点就需要我们有一点临场发挥的能力，需要我们有即兴创作的能力，大家来直播间不是看脚本，不是看套路，而是看你如何掌控整个直播间的气氛，让大家乐不可支的时候，用下单完成对你的打赏。

即兴创作的直播能力是怎样来的呢？

（1）学习高手。我是真的研究和看高手的直播，而且带着团队拆解到像素级，一个个环节去分析，一个个话术去解读，一个个表情去模仿。

（2）加强练习。我今年大部分晚上不是在准备直播，就是在直播。播多了，感觉就慢慢起来了，而且我越播越觉得牛人直播能力好强，我还有巨大的提升空间。

（3）培训积累。作为一名培训师，在线下讲课也是需要即兴发挥能力的，我过去看过不少电影剧场表演的书，这些多年前的积累没想到今天还能帮助我。

在知识付费时代，知识就是产品，想要通过知识输出来变现，销讲则是必须具备的技能。显然，当下直播销讲是最为流行的一种销讲方式。

直播销售引流，社群配合直播的后端销售，完成后续转化。

既能讲干货，又能带货，这样的知识网红，你会不喜欢吗？

【做一做】

你是学校小商城的负责人，小商城刚完成一场开学大促的直播，并让客户在后台对这次直播进行评分。

> 直播结束后需要总结归纳，从而进行更深层次的互联网宣传，请问以上几种软文方法中，哪一种更适合？试着写出软文大纲。

任务4 直播表情包制作的4个步骤

"表情包"是一个汉语词汇，指的是一种利用图片来表达感情的方式。表情包是在社交软件活跃之后形成的一种流行文化，表情包流行于互联网，基本人人都会发表情包。

表情包的制作共分为：发现表情、表情截取、添加文字和表情使用四个步骤。

一、发现表情

直播活动结束后，在整场活动的视频中遇到合适的表情，可以记录下该表情的时间轴位置（该表情具体在×分×秒，出现在×××身上），便于统一制作表情。

（一）经典同步型

互联网上已经有广为流传的表情，如宋民国的表情、金馆长的表情、某些明星表情包、微信表情、新浪微博表情等，直播中与经典表情同步的表情，可以作为表情包素材。

（二）夸张表情型

当直播参与者无意中出现"大笑""皱眉""疑惑""嘟嘴"等面部表情时，可以标记并保存。如很经典的"黑人问号脸"。

（三）动作表情型

直播中的人物动作也可以作为人物情绪的体现，尤其是与台词、口语或流行语相关的动作，如"啾咪""比心""开饭啦""买它"等，当出现此类动作时可以保存为表情包的素材。

2016年开始，"药水哥"开始当兼职主播，一是补贴家用，二是有些游戏天赋。他凭借"脾气好""歪头杀"等特点一举成名，也成了为大家贡献表情包的素材大师。

> 【做一做】
> 以小组为单位，分享你常用的微信表情包，看看你的表情包都有哪些类型？哪些是你常用的？你平时什么场景下会使用这些表情包呢？

二、表情截取

对静态图片表情及动态图片表情，截取方法不同。

（一）静态图片

直接将视频暂停，并用截图工具（QQ截图、微信截图等）截取相应表情。

（二）动态图片

可以使用QQ影音截取。通过QQ影音打开视频，点击右下角扳手图标，选择【动画】

功能，在弹出的 GIF 制作界面中，通过滑动灰色线上的调节杆选择动态图的起点与终点，然后保存到本地。

三、添加文字

1. 主图素材要求

（1）GIF 格式，240×240 像素，每张不超过 500KB

（2）同一套表情包数量可以是 16 张或者 24 张

（3）同一套表情主图需全部是动态或全部是静态

（4）动态表情需设置永久循环播放

（5）同一套表情中各表情风格必须统一

（6）同一套表情中各表情图片应有足够的差异

2. 缩略图素材要求

（1）PNG 格式

（2）表情专辑缩略图：120×120 像素，每张不超过 200KB

（3）表情单品缩略图：240×240 像素，每张不超过 200KB

（4）与主图数量一致

（5）选取能够表现主图的关键帧，如表情含有文字，应尽量选取包含文字的帧

3. 图片命名要求

（1）表情主图和表情缩略图必须按照数字编号进行命名

（2）表情主图和对应的缩略图数字编号命名需保持一致，保证表情主图和缩略图一一匹配

（3）表情主图和缩略图命名要一致，传一个主图再传一个缩略图，按顺序上传

4. 表情含义词

（1）含义词为该表情所表达场景或情绪的关键词

（2）贴切的含义词有助于激励用户发送表情

（3）不超过四个汉字

（4）尽量避免在含义词中添加标点符号

（5）同一套表情中避免重复含义词

（6）应使用普通话做含义词，方便更多用户理解

静态表情图片可直接打开 Photoshop，新增图层并添加文字即可。动态表情图在 Photoshop 里以图层形式出现，每一帧即一个图层。点击右下角【创建新图层】按钮，选中新建的图层，并添加文字。

四、表情使用

直播表情包制作完成之后，只有内部人员知晓。作为直播活动负责人，需要将直播表情进行推广。

表情推广平台包括以下 3 类。

1．企业自媒体

企业官方微博、微信公众号等平台在内容配图时可以应用自家表情包进行推广。

2．官方群组

粉丝群、试吃团、读者群等官方群组内，可以由管理员带动，在聊天中应用表情包。

3．表情开放平台

微信、QQ 等分别推出了表情开放平台，原创表情可以尝试提交表情平台，引导陌生网友查看与使用表情。

【做一做】

1. 请拍摄一段 5~10 分钟的带货直播视频，拍摄后寻找合适的表情包元素，利用多种 App 进行表情包的制作。要求至少完成一个静态表情和一个动态表情。

2. 请观看某大 V 的一场直播，截取其中的某些片段，生成 3~5 个静态或者动态表情包。

3. 以小组为单位，尝试制作一套微信表情包，看是否能通过审核并上架使用。

任务 5　直播粉丝的维护方法

对于通过直播加入的粉丝，在直播结束后，可以通过策划线上活动、分享最新消息、邀请直播参与、发起专属线下活动四种方式进行粉丝维护。这四种方式根据粉丝程度逐层递进。

首先，在粉丝社群刚成立的时候，新媒体团队的主要工作是通过策划一系列线上活动"制造熟悉感"。

其次，在熟悉起来后，新媒体团队可以定期在群内分享专属的信息，让群内粉丝优先得到最新的折扣、促销信息。

再次，逐步邀请粉丝一起参与下一场直播，良好的参与感是粉丝对社群产生好感的前提条件。

最后，定期发起线下活动，让线上聊天变成线下互动。

一、策划线上活动

与线下活动不同，线上活动不受地点、天气等限制，发起更便捷，因此运营者可以将线上活动作为常规活动，定期举办。

1. 活动目的

拉新，活跃新下单用户或 App 的新启动用户；提升某款或某类商品的订单数；提升品牌知名度和品牌辨识度。

2. 切入需求

用户需求的场景：滴滴的春节拼车。

用户关注的热点：微博的#××上头条#。

用户逐利的心理：减满活动。

3. 策划活动形式

目标和时间就像画了框框，这一步就是在框内策划活动形式。通俗来讲，就是做什么样的活动，这是活动策划的核心步骤。策划活动本质是，找到活动目标、用户需求和产品形态的最佳结合点。好比射箭：目标是活动的靶心，不管用什么姿势射箭，都要瞄准靶心，用户需求就像风向一样，顺着它就会射得有力和准确；产品是弓箭，活动要落地在产品上，就像要拿着弓箭射靶心，而不是用石头扔。

策划活动有 5 个要注意的关键点。

（1）尽量有趣

活动就是让用户"玩"的，只是在玩的过程中达到运营的目的。所以，即使不是游戏，也可以让活动游戏化，这样会更有趣。确实很多产品和游戏没任何关系，但也可以转化成游戏的形式或角度。

（2）操作便捷

从用户看到活动，到操作环节结束，每多一步都会有很大的折损。首先，活动操作的步骤要少；其次，不要让用户在非活动流程的界面里跳来跳去，用户会找不到来时的路，尤其是 App。

（3）规则易懂

活动策划时，让规则尽量简单，用户不必研究就能明白，一眼就能看出"去做什么，就能得到什么"。

除了规则设置要简单，规则的表述方式也要简洁。完整的活动规则需花费很多文字，包括时间、操作方法、评奖办法、奖品列表、附加条件、注意事项等，这些对用户来说都是阅读成本。

其实只要了解最关键的规则，用户就可参与，其他的不重要，甚至有些条款只是为了免责。所以，在活动界面表述规则的时候，核心规则应放在界面上方的显著位置，具体规则和免责条款放在界面底部，这部分内容只要有就可以了，用户看不到也没关系。

（4）突显用户收益

用户参加活动，会有相应的物质或精神收益。在活动界面要把用户的收益放在明显的位置，优先级最高。因为受众是用户，要符合用户利己的心理。所以很多活动界面把奖品放到头图里,如物质类的 iPhone、红包、礼盒,精神类的特权、等级、头衔,然后下方是活动规则和操作区。这种案例非常多,这里就不细说了。

（5）可视化的进度标识

活动一般都有一连串的操作行为,每一个操作之后都应该给用户一个反馈,如数字+1 或进度条走了一步。目的是告知用户操作成功且已被记录,另外这也是一种精神激励。活动界面也需要打造人气爆棚的氛围,以符合中国人喜欢热闹的心理。例如,很多活动界面会在头部展现有"已有 12 345 人参与",并且数字会不断刷新。

以上 5 点是活动本身需要注意的事情。

> 【练一练】
>
> 请阅读下面 Uber 的活动规则,看表述是否通俗易懂。如果不是,请进行修改。
>
> 周末乘 Uber,下周享翻倍免费!
>
> Uber 北京冬季翻倍免费福利:本周六、周日两天,搭乘 Uber 出行,搭乘 3 程,获得下周 6 程免费,搭乘 5 程或更多,获得下周 10 程免费!每程最高减免 15 元,优惠下周二 24 点前到账,下周日 24 点前有效。和 Uber 一起,放肆周末时光吧!

二、分享最新信息

企业直播粉丝群需要营造的氛围主要是"好玩""有意思",但与此同时,运营者也需要将企业相关信息友好地分享在群内。

企业对外发布的广告、购买提示等尽量不要直接发到群里,否则粉丝群逐渐会演变为广告群,群成员的参与度将逐渐降低。而群内网友无法第一时间获取的最新资讯,可以定期在群内分享,以促进群成员好感。可分享的信息包括专属折扣链接、爆款产品提前购、红包口令、新品内购网址、买即赠暗号等。

三、邀请直播参与

激发直播粉丝群参与感的最佳方式是邀请群友当"军师",共同加入下一次直播中。这样一方面可以缓解企业的运营压力,从粉丝群发现设计文案、推广等人才;另一方面可以让粉丝得到充分的尊荣感,自然更愿意在下一场直播中自觉扮演"自己人"的角色,参与到直播宣传、直播现场秩序维护当中。

运营者可以邀请粉丝参与很多直播环节,如下表 5-5-1 所示。

表 5-5-1 粉丝参与直播环节

直播环节	粉丝可参与项目
直播筹备	选题探讨、场地选取、文案策划、图片设计、主持人票选等
直播进行	直播间互动、线下助威等
结束发酵	微博转发、朋友圈分享、论坛传播、视频网站推广等

四、发起专属线下活动

面对面交流容易产生更多思想的碰撞，俗话说"一回生，二回熟"，好的企业活动运营也不能只拘泥于线上，而是需要适时发起线下活动，促进粉丝交流。常在同群交流的粉丝，可以进行线下聚会。聚会的同时，企业运营团队可以借机邀请粉丝试用新品，反馈建议，回馈粉丝，增加粉丝归属感与参与感。

1. 设立人设

人设就是对一个个人物的设定，如人物的基本设定有姓名、年龄、身高和体重等。人物的背景设定既有人物的家庭背景和学历背景以及从业经验，也有自己擅长的领域和职业的设定等。为什么要设立人设呢？主要有3个作用：①展示自己的与众不同和新鲜感；②让粉丝看了印象深刻，拉近主播与粉丝之间的距离；③让粉丝看完直播后还想再见到你，提升粉丝的关注欲。

2. 人设的具体内容

（1）主定位

只要是能做主播的人，一定都有自己的闪光点，也就是凭这些闪光点使你的粉丝喜欢你。那么，你可以去和你的粉丝多聊天，问他们到底喜欢你什么呢？了解后，我们就可以把你被粉丝喜欢的点作为你的优势和定位。

（2）主播和直播间命名

一个主播叫什么名字可以让粉丝知道你是谁，一个直播间叫什么可以让粉丝知道你到底是做什么的。因此在对主播和直播间命名上，要突出自身的特质和主播的特性。比如出身于翡翠世家的刘大哥，非诚勿扰女嘉宾菲菲等。那么有的人就问这类名字是不是太长了？是不是定位得太细了点？其实我们前期为了吸粉就应该这么定位，定位得越精准越好，当我们在以后的人群扩大之后再来更改就可以了。

（3）粉丝昵称、粉丝团昵称、粉丝群昵称

很多主播在直播间里对粉丝的称呼都是"宝宝"，其实有非常多的粉丝对这个称呼是很反感的。你要叫粉丝时，要么就直接叫他的名字，要么就给你的粉丝取一个专属于他的昵称。粉丝团和粉丝群也一样。

（4）自我介绍

如果想让更多的粉丝记住你，那首先要建立和粉丝之间的信任和共鸣。信任就是来自你的专业，如你所学过的哪些专业，或者是你所从事过的职业，这些其实都是很好的背景。共鸣就是来自你之前的经历和爱好或者情感和观点，可以把这些事情和粉丝说，这样可以让你获得不少的粉丝，而且还可以让你的人设显得更加的立体和饱满。所以在我们开始做直播之前可以先做一个自我介绍。

(5) 直播间介绍和欢迎语

其实对于每一个直播间的定位都不尽相同，如果你想让那些新进直播间的粉丝可以快速地了解你，那么你就要对自己的直播间有一个特别的定位。你要明白自己直播间的特色是什么？是属于哪个类别栏目？每天是在什么时间段播出？当天都要讲哪些内容？直播结束后第二天又要给粉丝带来哪些内容？一些较好的主播，他们会经常在直播间里重复这些话，一是为了可以吸粉，二是让自己的粉丝回访互动。

3. 定位风格

定位风格按外形一般分为3种：御姐、萝莉、气质知性。

御姐一般是指外表、身材、个性上都显成熟的女性，有着强大的气场，面对事情不急不躁、冷静淡定，看待事物也有自己的独到见解，给人以大姐姐的形象。

萝莉就是指那些长得可爱软萌还会撒娇的女生，一般萝莉型女生都比较娇小，让人看了忍不住涌起保护欲。要知道男生最喜欢这种甜美乖巧的女孩子，软软的声音时不时发个嗲、卖个萌，心都要被暖化了。

气质因人而异，不靠外表取胜，而是靠内在的涵养修为来赢得别人对你的欣赏赞美。气质型主播可以是优雅的、知性的、端庄的，有的人第一眼看就会觉得很有气质，那是因为举手投足间都显现出其人格魅力。

定位风格按性格特点分为以下5种。

一是活泼开朗型。这种类型的主播天生爱交朋友，和陌生人都能打成一片，这种主播也是收获粉丝最多的，把直播间当成聊天的地方，和粉丝调侃开玩笑。活泼开朗的人也是最会表达情感的人，待人热情，主动大方，总是把笑容挂在脸上，开得起玩笑同时也不会放在心上，会时刻展现自己来赢得粉丝的认可。

二是伶牙俐齿型。这种类型的主播善于应变，能说会道，张嘴就来，而主播和粉丝互动最关键的一点就是"说"，但也不是什么都能说的，会说话，怎么说很重要，要讲究技巧和风格，用什么样的语气打招呼，怎么开玩笑能不生气，说什么能让粉丝高兴，这些都要把握好说话的度，不要以为说得尽兴就好了，会说但说得不对也是不行的，有些主播就是因为说话讨喜才深受欢迎。

三是幽默搞笑型。这种类型的主播是最讨喜也是最能活跃气氛的，让玩家一进直播间就感受到热情。幽默一般表现在语言上，把一件小事说得有趣让人跟着你的情绪走，这就需要扩大生活知识面，打开话题，时不时来几个段子，加一些音效，在无防备的时候笑点是最低的也是效果最好的。搞笑一般表现在动作表情上，有时候肢体语言会来得更直接，不过要注意尺度，做过头就有可能是出丑了。当然不是谁一出生就是来搞笑的，这种类型的主播更需要懂世故看眼色，天生长得讨喜又有语言天赋的人会更适合这一形象。

四是温柔恬静型。这种类型的女生是淑女的代表，静静地坐在那就能吸引目光，即便不说话也忍不住想靠近交流。直播时保持微笑，说话温柔，让人感到亲切没有距离感。和调侃互动活跃气氛的主播不同，有时候贴心的一句问候更能打动粉丝家聊天的心。

五是沉着内敛型。这种类型的主播给人一种成熟可靠的感觉，不轻易表露自己。面对直播的各种情况都能冷静面对，不会把私人情绪放在脸上，对内心世界的思考会比较多。外表不露声色，内心却很强大，遇到直播突发事情时有一颗强大的心去应对。

【练一练】

结合所学知识，思考一下你比较喜欢的粉丝维护方式，并说明原因。

【课堂小实训】

请选择一个经典的粉丝营销的案例来分析，如何去进行粉丝的维护才能让粉丝的作用发挥出来。

小米手机的社群营销做法如下。

（1）调集粉丝。通过3种方式调集粉丝：运用微博获取新用户；使用论坛维护用户活跃度；使用微信做客服。

（2）增加参与感。例如，在开发MIUI时，让米粉参与其中，提出建议和要求，让工程师改进，这大大增强了用户的主人翁感。

（3）全民客服。小米的领导和员工都是客服，不断与粉丝交流，让他们感受到自己的价值，并立即解决问题。

（4）增强自我认同感。通过爆米花BBS、米粉节、同城会等活动，让用户固化了"我是主角"的感觉。

项目 6
直播营销的复盘与提升

【项目目标】

知识目标
➢ 了解直播复盘的思路和内容，直播效果数据分析的概念。

技能目标
➢ 掌握直播复盘的数据统计方法，直播经验的总结技巧。

情感目标
➢ 理解直播复盘的意义，直播营销的价值观。

【情境导入】

直播活动结束后，晓娅和阿琦协助运营主管对直播数据进行分析，为复盘、同行竞品对比、优化方向提供依据。

任务1 直播复盘

"复盘"原是围棋术语，本义是对弈者下完一盘棋之后，重新在棋盘上把对弈过程摆一遍，看看哪些地方下得好，哪些地方下得不好，哪些地方可以有不同甚至是更好的走法等。

这个把对弈过程还原并且进行研讨、分析的过程就是复盘。通过复盘，棋手们可以看到全局以及整个对弈过程，了解棋局的演变，总结出适合自己和不同对手的套路，或找到更好的下法，从而实现自己下棋水平的提升。

一、直播复盘的思路

直播营销复盘的核心包括数据分析和经验总结两部分。其中，数据分析主要是利用客观数据进行复盘分析，经验总结主要是在主观层面上对直播过程进行剖析和总结。

PDCA，这是管理学上著名的戴明环，是由美国管理学家沃特·休哈特（Walter Shewhart）首先提出的，由戴明采纳、宣传、推广普及的一种质量管理工具。它被认为是全面质量管理应该遵守的程序，也叫质量环。P 代表 Plan（计划），包括方针和目标的确定以及活动计划的制订。D 代表 Do（执行），指具体的运作，实现计划所确定的内容。C 代表 Check（检查），指对执行的情况进行总结评判，看看执行情况如何，什么地方做对了，哪里出了问题。A 代表 Action（处理），指对检查过程中所发现的问题进行处理，对于成功的经验进行总结。如果可能，对于成功的经验和失败的教训，应该通过模式化或者标准化予以推广，如图 6-1-1 所示。

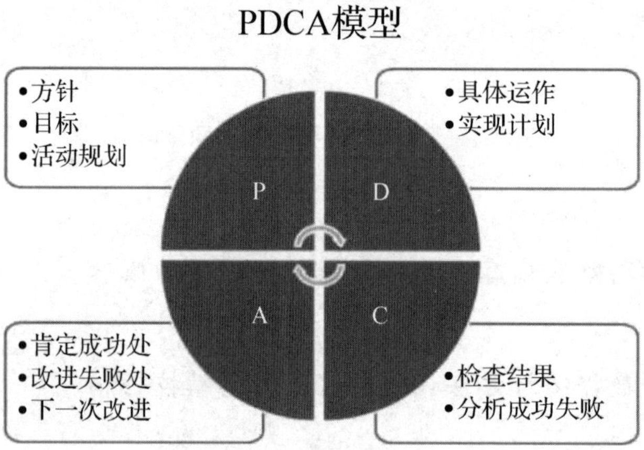

图 6-1-1　PDCA 模型

二、直播复盘的内容

（一）数据分析

对一场直播活动进行复盘，首先需要从数据层面进行分析。直播数据包括产品口碑数据、精准用户数据、销售情况数据。

1. 产品口碑数据

通过对产品口碑数据的分析，可以了解到直播活动是否有效传递了产品理念，观众对产品是否产生了兴趣，观众对产品优势是否有所了解。

2. 精准用户数据

在数据分析时找出目标用户比例，看直播是否精准覆盖了用户。只追求观众数量而不追求精准率的直播，很有可能叫好不叫座，收获了大量人气但没有收获销量或提升品牌知名度。

3. 销售情况数据

在数据分析时找出销售情况数据，看直播活动是否实现了产品的销售目标。

【想一想】

某手机品牌通过直播的方式发布新品。在新品发布的当晚，在微信指数、百度指数、新浪微指数等平台上均监测到产品关键词的搜索量持续上升，在直播平台收获了大量人气，天猫官网的销售量达到了目标销售量的50%。请分析，本次直播营销是否属于"叫好不叫座"？

（二）经验总结

数据分析能体现直播的客观效果，但是直播的流程设置、团队协作、主播表现等主观层面，难以通过数据分析直接获得。这就需要直播团队通过团队讨论总结经验，并将总结结果记录，整理成经验手册，便于指导后续的直播活动。

【案例6-1】

小玉原本也和普通的电商主播一样，为观众介绍自己店铺的衣服然后试穿，再依次回答观众的提问。直播却一直不温不火，为此小玉很着急。随后她想到了一个小办法。在一次直播中，小玉并没有着急介绍衣服，而是向观众提问："有没有平时觉得带着很麻烦但又不能不带的东西？"许多观众都热心地回答道："银行卡、公交卡、钱包、钥匙等。"

在观众回答完之后，小玉立马就拿出件衣服，然后把镜头转到衣服上的小口袋，跟大家解释这件衣服别出心裁地在上面多加了一个小口袋，既不影响美观，容量又很大。在小玉介绍完之后立刻就有许多观众下单购买了这件衣服，小玉淘宝店的营业额一下子就上去了。在接下来的直播中小玉如法炮制，使得直播间人气不断上涨，淘宝店的营业额也在不断增加。

在电商直播选题的时候，我们经常会为不知道选什么而发愁，如我们主要做的是服装电商。那么如何制造话题才能吸引观众购买呢？这时候我们就可以通过复盘，找到用户最关心的关键词。

利用关键词制造一个话题，从而使直播进行下去。像案例中衣服上有个特殊的小口袋，或者是衣服上有个便利的小纽扣，这些都可以作为直播的选题关键词，从而吸引观众提问互动或者购买商品。

任务2　口碑营销：市场中最强大的力量

一、口碑营销的原则

在"口碑营销"领域，小米的"口碑营销的铁三角"模型值得学习和借鉴。在口碑营销的铁三角模型中，好产品是口碑的发动机，社交媒体是口碑的加速器，和用户交朋友是口碑的关系链。

▶▶▶ 直播营销

(一) 好产品

在电商直播中，好产品是爆款，让用户尖叫的产品。一个企业想拥有好口碑，好产品就是口碑的发动机，是所有基础的基础。产品品质是 1，品牌营销都是它身后的 0，没有前者全无意义。而如果产品给力，哪怕营销做得差一点，销售数据也不会太难看。

比如，在小米手机推出之前，它的系统 MIUI（见图 6-2-1）就已经成为发烧友争相传诵的产品，为小米手机在业内的口碑立下了汗马功劳。

图 6-2-1　MIUI 界面

(二) 社交媒体

常见的社交媒体有微信、微博、抖音等，这些平台都有很强的媒体属性，很适合做口碑传播。例如，小米最早用论坛做口碑营销，用论坛来沉淀老用户。当通过论坛沉淀下几十万的核心用户后，小米手机的新品在论坛形成了强烈的口碑效应。论坛在小米的发展中起到了至关重要的作用。

信息对称让用户用脚投票的能力大大增强。一个产品或一个服务好不好，企业自己吹捧是不算数的，客户说了才算；好消息或坏消息，大家很快就可以通过社交网络分享。信息的公平对等特性，也使网络公共空间具备了极强的舆论自净能力，假的真不了，真的也假不了。

(三) 和用户交朋友

在电商直播时代，消费者与品牌、产品的关系已逐步发生了颠覆性的变化。品牌不再是高高在上，也不需要"给用户下跪"，而是平等的关系。很多年轻人已经从以前去追逐一个偶像，追逐一个品牌，变成有能力去参与和创造一个品牌，这个变化在 00 后崛起的时期尤其明显。

例如，《参与感》这本书中，强调"口碑营销"有一个核心的法则，就是如何与用户成为朋友，和用户一起玩，如图 6-2-2 所示。小米的小米论坛、米粉节、爆米花活动、小米之家体验店等举措，都可以算得上是小米践行"和用户一起玩"。

用户和企业之间到底是一种什么关系才最理想呢？千千万万的用户，有千千万万的想法，他们为什么要认可你的产品呢？认可了你的产品之后，为什么要主动帮你传播呢？

社交网络的建立是基于人与人之间的信任关系，信息的流动是信任的传递。企业建立的用户关系信任度越高，口碑传播越广。做企业就像做人一样，朋友才会真心去为你传播、维护你的口碑，朋友是信任度最强的用户关系。

图 6-2-2　与用户成为朋友

【案例 6-2】

"水煮鱼皇后"在出名之前只是淘宝上众多卖家中并不起眼的一个，她在淘宝上主要经营一家以衣服、时尚用品为主的小店。但是，这样一个小店主却拥有着"淘宝知名美女"的称呼，年纪轻轻月入两万，在网络上人气超高。

这样一位知名的网红，受到了当时很多媒体的采访和品牌合作，阿里巴巴、全球购物、土豆、新浪博客等媒体都邀请过她，而她的美貌和才华也吸引了很多粉丝，令其淘宝小店上的生意火爆非凡。

淘宝的"水煮鱼皇后"究竟是如何火起来的呢？又是如何将口碑打响的呢？在一开始，"水煮鱼皇后"只是一个喜欢在网络上发照片视频的博主，同时经营一家淘宝小店，但因为其视频《水煮鱼的淘气生活》风趣幽默，加上本人形象天然出众，一下子成了网络上的美女红人。受到众多网友的追捧，这位长相清纯甜美、靠创作视频博得大众好感的"水煮鱼皇后"得到了进一步的曝光，其形象事迹在网络贴吧、论坛等活跃平台流传开来，"水煮鱼皇后"的名号变得广为流传和深入人心。

借助自身品牌形象和口碑的迅速提升，"水煮鱼皇后"的淘宝店铺也随之变得生意火爆，知名度和销量都大大增长，为其带来了不小的利润。塑造正面的个人形象，借助网络社交和内容平台展示自我，建立起受人欢迎的个人品牌形象，并借此口碑带来销量，可谓是个人品牌进行口碑营销中的经典案例了。

二、口碑营销的步骤

（一）找到引爆点

引爆点就是让用户能够尖叫的地方，口碑营销要想办法诱发用户的尖叫，找到口碑传播起来的突破口或者引爆点。目前很多口碑营销往往是以产品使用者的角色来发起，这一环节中最重要的就是引爆点的问题。这是口碑营销的第一步，同时这又是不能忽视的一个重要环节。

用户要的是服务好,所以成就了海底捞。用户要的是实惠,所以淘宝有"双11"活动。用户要的是性价比,花很少的钱买更好的东西,所以成就了小米。

(二)制造话题

制造话题的维度有很多,产品、价格、外观、事件、线上线下活动。如何制造话题呢?

1. 找到产品新奇和有趣的地方

2012年下半年正是微博上线火爆的时候,某网红找到了突破口。他利用老板开奔驰、老板娘开跑车送煎饼果子的话题在微博里引爆了"黄太吉煎饼果子"的关注度,转发者众多,人们不禁好奇这家店到底是怎么样的一家店,大家都想尝尝这家店的煎饼果子到底有什么不同。

一时间北京的黄太吉煎饼店门前都排起了长队,因为客户大都是网上慕名而来,所以"黄太吉"跻身中国第一批网红店,"网红店教父"的称呼就是从那个时候叫开的。

2. 学会讲故事

你可能对广告不感兴趣,但是好的故事人人都喜欢听。听完自然也会对别人去讲。制造易于传播的故事,会成功引发口碑营销。

Dove(德芙)巧克力讲的爱情故事,让很多人感动得热泪盈眶。因此,一个品牌如果将故事讲好,也能成功引发口碑宣传。

3. 真诚的服务

其实消费者是很容易被感动的,只要用心服务好客户,客户就会通过口碑来回报。比如,小米客服是有自己的权利给用户送出礼品的,而且小米之家可以给过年回不去家的人提供米粉。这样的服务怎么会不引发口碑宣传呢?

4. 给消费者实实在在的实惠

消费者最关心的当然是自己的利益,关心是否能得到实惠。如果能让消费者受益,帮用户省钱,自然会得到用户的拥戴。

京东之所以能成功在电子商务市场中迅速崛起,成为B2C领域的巨头,正是因为在创立初期它的产品非常便宜,特别是3C产品,甚至比某些经销商的进货价格都便宜。美团网之所以能崛起,也是因为大家得到了优惠,所以口口相传。

(三)寻找渠道

磨刀不误砍柴工。为了做好口碑营销,要先找到适合自己的渠道或者平台。可以实时监测不同渠道的广告投放数据,找到最适合自己的那一个。

网站广告、短视频、微博、微信等都是行之有效的口碑营销渠道。在这个环节,需要对不同渠道的传播特点有全面的把握,另外,广告投放的经验对工具的选择和效果的评估也有很大的影响。

(四)及时反馈

及时反馈,及时复盘。事后监测必不可少,目前这样的监测渠道也越来越多。从最早的网站访问来路分析,到如今兴起的舆情监测,口碑营销的价值越来越需要一些定量数据的支撑。

【案例 6-3】

> 康师傅冰红茶是康师傅品牌旗下一个非常经典的产品,它曾经因为市场的年轻化趋势而逐渐落后于新品牌和新产品,为了挽回市场,实现品牌的年轻化,康师傅冰红茶开展了一次令人瞩目的口碑营销。当时奥美世纪为康师傅冰红茶量身打造了一个"HAPPINESS ANYWHERE 快乐不下线"的主题活动。这个活动的主题具有非常明显的活力和青春色彩,在具体的目标人群定位上,也是注重于具有青春活力与个性的年轻群体。
>
> 结合年轻人热衷网络,喜爱讨论与社交,对音乐、电影、运动、动漫、游戏等多个领域都充满兴趣的一些特点,奥美世纪将这一活动主题在各大年轻人聚集的网络社区进行推广和传播,与当时活跃的人人、校内、天涯、猫扑、腾讯、淘宝等知名网络媒体平台进行合作,根据不同平台上年轻用户的差异化喜好和习惯进行具体活动的打造。比如猫扑网用户主要是对图片文字类的内容感兴趣,奥美世纪就在猫扑网上推出"漫画真人秀"活动,鼓励用户创作相关的图片、故事,或是给剧本配上旁白,这一活动充分给予了年轻用户发挥个性、想象力和创造力的空间,很受欢迎。在校内网上,康师傅冰红茶推出的是"晒照片,乐翻天"活动,极大地推动了大学生群体的参与热情,也在用户的主动讨论与积极参与下成功进行了二次传播。而与腾讯合作推出的"魔法主题表情包",让康师傅冰红茶的形象更加深入人心。
>
> 通过这些个性化活动的开展,"HAPPINESS ANYWHERE 快乐不下线"主题活动成功让众多年轻消费者注意到了康师傅冰红茶在品牌形象上的大转变。这一系列的活动迎合了年轻用户的需求和喜好,借助多元化、个性化的活动参与,康师傅冰红茶成功实现了品牌年轻化的转变,在大众的心中成功塑造出了年轻活力的品牌形象,同时也实现了"快乐不下线"这一理念的深入人心。

三、检验口碑营销的方法

在直播结束之后,直播团队可以利用百度指数、微信指数、头条指数等数据平台,检验直播活动对于提升产品口碑的效果。

【做一做】

以小米最新发布的手机为例,通过百度指数、微信指数、头条指数搜索小米最新发布的手机型号。

1. 百度指数

打开百度指数,观察在小米手机发布会举行的时间前后,百度指数的搜索量是否有变化。

如果有变化，在百度指数的需求图谱里，相关词有哪些？在百度指数的人群画像里，人群属性和地域分布又是怎样的？

2. 微信指数

打开微信，在顶部搜索框内输入"微信指数"四个关键字。点击"微信指数"小程序进入主界面，然后在搜索框中输入自己想要的关键词，就可得出分析数据。观察在小米手机发布会举行的时间前后，微信指数的搜索量是否有变化。

3. 头条指数

打开头条指数，观察在小米手机举行发布会的时间前后，头条指数的搜索量是否有变化。如果有变化，在头条指数的关联分析里，相关词有哪些？在头条指数的人群画像里，地域分布、年龄分布、性别分布又是怎样的？

任务3　直播效果的数据分析

一、手机端和 PC 端数据分析

（一）手机端数据分析

以抖音 App 为例，分析直播数据。依次点击【抖音 App】—【我】—【抖音创作者中心】—【数据中心】项，就可以查看直播的数据了。

直播的基础数据包括：观众总数、新增粉丝数、付费人数、流量来源。

观众总数：即有多少人观看了本场直播。新增粉丝数：直播期间，有多少人关注了账号。付费人数：有多少人愿意为直播内容进行付费。流量来源：直播广场、视频推荐都代表直播获得推荐的流量。

可以利用基础数据抽象出以下两个公式。

① 转化新粉能力：新增粉丝数/观众总数=转化新粉占比。

② 直播互动情况：评论人数/观众总数=评论人数占比。

（二）PC 端数据分析

在 PC 端也可以访问抖音创作服务平台。抖音创作服务平台是抖音创作者的专属服务平台，支持用户作为创作者登录和机构登录两种登录方式，并通过提供授权管理、内容管理、互动管理及数据管理等服务，助力抖音用户高效运营。

1. 登录

打开创作服务平台，点击界面右上角，在弹出的登录账号界面中，选择登录方式和登录产品（见图 6-3-1）。

（1）登录方式选择

● 创作者登录

打开"抖音短视频 App"客户端，扫码登录，或使用手机号+验证码登录，无须审核。

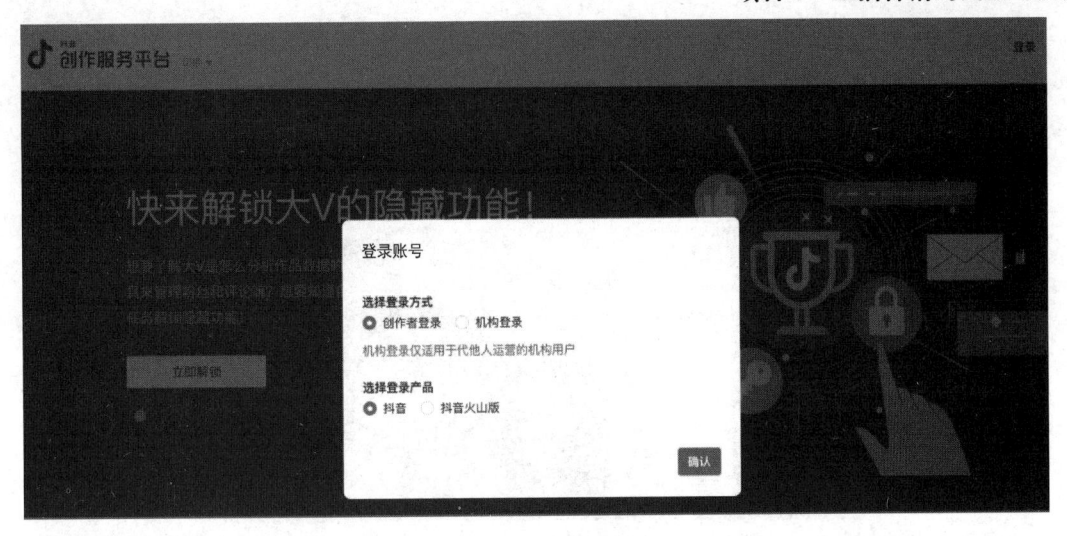

图 6-3-1 登录账号

- 机构登录

打开"抖音短视频 App"客户端，扫码登录或手机号验证码登录。

首次创建机构账号，进行必要信息的填写（包括：单位名称，网站备案/许可证号，营业执照等），信息须审核通过后方可登录使用，审核时间为 3 个工作日。

（2）登录平台选择

- 抖音：即登录抖音 App 的账号
- 抖音火山版：即登录抖音火山版 App 的账号

2. 首页

首页指登录后的默认界面，也是点击导航栏【首页】后所呈现的界面。本界面展示所登录账号相关的核心表现数据、站内热点内容、创作技巧课程等。

（1）个人信息管理

- 创作者身份管理

创作者可按照自己喜欢创作的视频内容，选择（没有默认身份）或修改（已有默认身份）自己的身份标签。

创作者身份标签仅用作统计，对账号/视频权重没有影响，未来平台将会根据作者身份，提供更多定制化服务（见图 6-3-2）。

- 授权管理

如果你是以创作者身份登录，登录后点击【发起授权】按钮，通过输入机构抖音号，将自己账号的不同权限（内容管理、数据管理、互动管理等）授权给一个或多个机构进行管理（见图 6-3-3）。

登录后点击【查看】按钮，可看到账号授权的机构和已授权的内容，同时可以在该界面发起撤销授权操作（见图 6-3-4）。

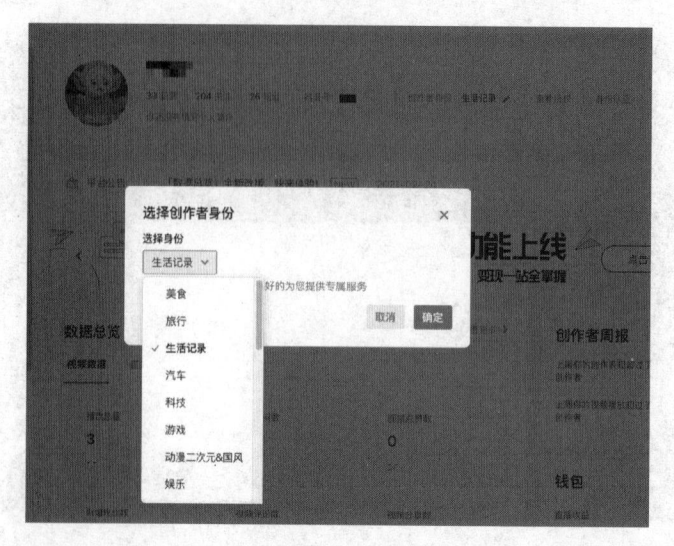

图 6-3-2　创作者身份管理

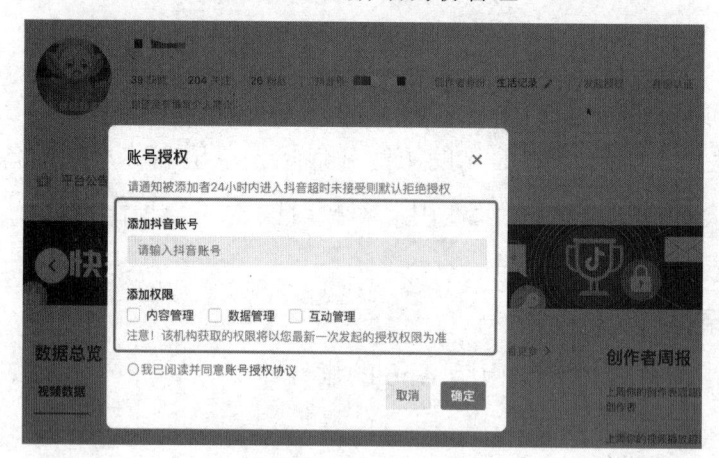

图 6-3-3　授权管理

图 6-3-4　查看及撤销授权

注意：

首次授权时，被授权机构需要在授权发起 24 小时内接受授权，才算授权成功；若 24 小时内未接受授权，则默认拒绝。

后续创作者向已接受授权的机构增加授权权限时，是默认授权成功的，不需要该机构再次接受授权。

如果你是以机构身份登录，登录后点击【授权管理】按钮，界面将展示已被授权的账号信息，包括抖音 ID、用户昵称、授权时间、授权内容等，你可以对列表中的账号进行"管理"或"删除"等操作。

在【授权管理】中点击【待授权内容】项，界面将展示被发起的授权，你可以在该列表中对创作者发起的授权进行接受或拒绝。

注意：你需要在对方发起授权 24 小时内接受，才算授权成功；若 24 小时内未接受授权，则默认拒绝。机构不可二次授权给第三方账号。

● 身份认证

对自己的身份进行认证，目前支持机构、企业号、抖音音乐人、抖音特效师 4 种身份认证方式（见图 6-3-5）。不同身份的认证账号能享受到不同权益。

（2）数据总览

首页仅展示前一日的关键数据，更多详细数据请点击【导航栏】—【视频数据】项。

（3）创作者周报

创作者周报将展示作品的上周表现数据，通过数据你可以了解自己上周的视频表现在创作者中处于什么水平，如上周创作排名、发表作品量、新增播放量、新增点赞量、上周表现最佳视频等（见图 6-3-6），以及发布视频的关注、粉丝、获赞等情况（见图 6-3-7）。

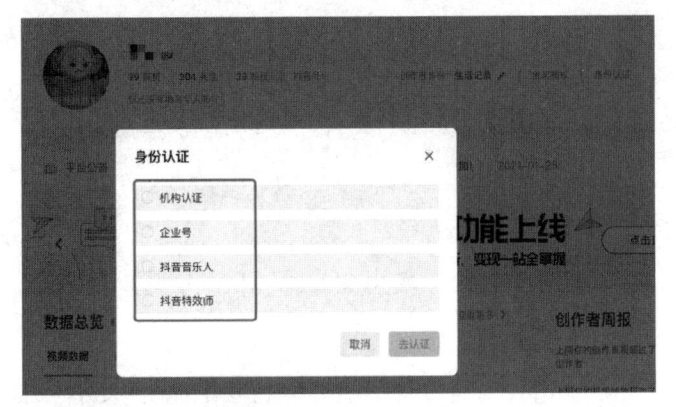

图 6-3-5　身份认证　　　　　　　　　图 6-3-6　创作者周报

图 6-3-7　发布视频的关注、粉丝、获赞情况

（4）排行榜

在这里，你可以看到多种不同的热门榜，它们可以帮助你及时掌握抖音热门情况，激发创作灵感。【抖音排行榜】首页仅展示部分榜单，点击【查看榜单】—【查看更多】项，可以获取更多类别排行榜（见图 6-3-8）。

▶▶▶ 直播营销

热点榜：展示热点、上升热点内容及其热度。
直播榜：展示热门直播及其热度。
音乐榜：展示热歌、上升热歌、原创歌曲及其热度。
体育榜：展示体育博主及其热度。
其他分类榜单：展示各分类热门博主及其热度。

图 6-3-8 抖音排行榜

3．视频管理

在这里，你可以直接看到视频的观看量、评论量、点赞量，并对"已发布""审核中""未通过"状态下的视频，进行"设置权限""置顶/取消置顶""删除视频"等操作，这些操作都会同步到抖音 App 上。

将光标移动到视频右边下半部分，操作按钮会浮现出来。

设置权限：可设置本视频对哪些人可见，如全部可见、好友可见或仅自己可见，并可设置是否允许看到视频的人保存（下载）本视频。

置顶/取消置顶：可控制本视频是否在抖音 App 你的个人主页中置顶，或取消置顶展示（见图 6-3-9）。

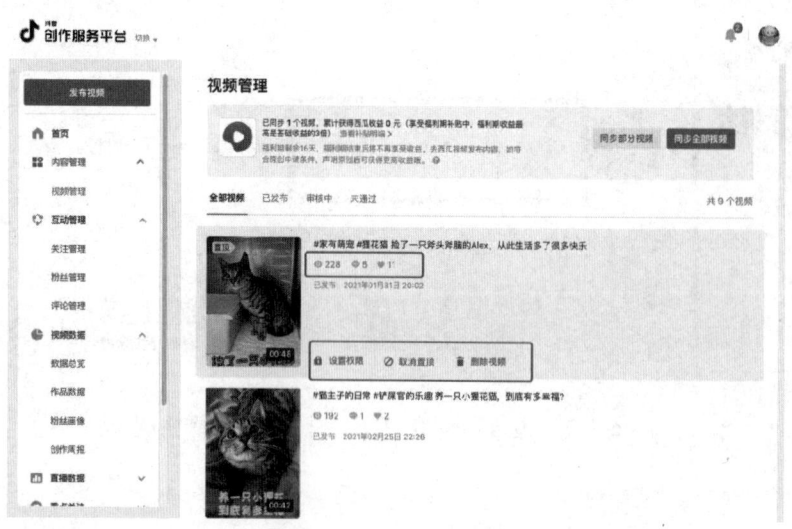

图 6-3-9 视频管理

4．互动管理

在互动管理界面，你可以直观看到粉丝或关注列表并进行操作，也可以直接在创作服务平台进行评论回复和管理。

(1) 关注管理

这里将展示你的已关注列表，包括关注人的头像、昵称、签名，可在列表内进行"取消关注"操作。

(2) 粉丝管理

这里将展示你的粉丝（关注你的人）列表，包括粉丝的头像、昵称和与你的关系，可在列表内进行"关注""取消关注"操作。

(3) 评论管理

这里展示你所有视频的评论详情，你可对评论进行"回复""排序"等操作（见图6-3-10）。

点击右上角【选择视频】按钮，选取你要查看评论的视频。

进入视频评论管理界面后，你可以在这里看到该视频的评论内容和发布时间，可以对评论进行"点赞""回复""删除"操作，这些操作也会同步到抖音/抖音火山版App上。

可以按照点赞数量从高到低的顺序对所有评论进行排序，以最快的速度了解最热评论，也可以按照评论的时间排序。

图6-3-10　评论管理

5. 视频数据+直播数据

在这里，你可以查看已登录账号的多方位数据看板和分析，更有评论热词、榜单、关键词搜索等功能助力账号运营。

数据总览：提供跟同类账号作者相比的表现诊断，并有针对性地给出提升建议，以及昨日/近7日/近30日的核心数据趋势曲线图。

作品数据：提供账号下每条视频的详细数据，包括播放数据、互动数据、评论热词、实时受众分析、视频带粉等相关数据。点击右上角【选择视频】按钮，选择想要看的视频（见图6-3-11）。

粉丝画像：每日粉丝画像，包括性别、年龄、地域、粉丝兴趣分布、粉丝关注热词、新增粉丝关注热词等。

▶▶▶ **直播营销**

创作周报：展示账号所有作品的上周表现数据，包括上周的视频总播放量、点赞量、涨粉量情况，以及表现最好的视频。

图 6-3-11　作品数据

直播数据：如果账号开通了直播功能，并进行过直播，该界面会显示你所有直播和单场直播的基础数据、观看数据和互动数据（见图 6-3-12、6-3-13）。

图 6-3-12　数据总览

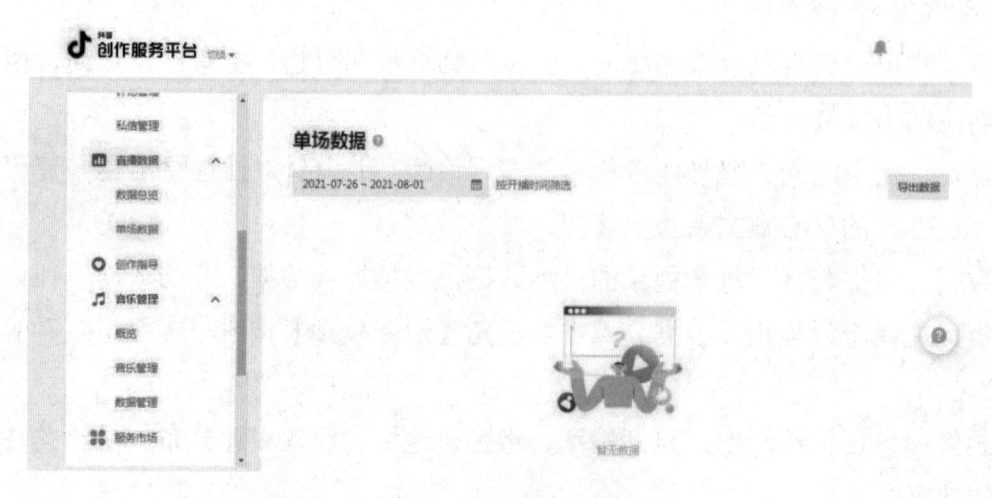

图 6-3-13　单场数据

二、直播营销效果评估要素

在电商直播时代，数据是一种非常重要的资产。相关从业者要学会直播营销效果评估，利用数据去优化直播间流程、活动、选品、话术、服务等。

（一）销售额

销售额是最能体现主播直播带货能力的数据指标，综合分析一段时间内的数据走向，如每天、每周、每月的数据，能更真实地反映主播的直播带货能力。另外，可以根据直播间每个品类的销售数量，评估哪个产品的带货效果更好。

如图6-3-14所示，在某直播间销售额TOP商品品类中，3C数码产品销量和销售额最高，玩具乐器、钟表配饰的销量和销售额最低。

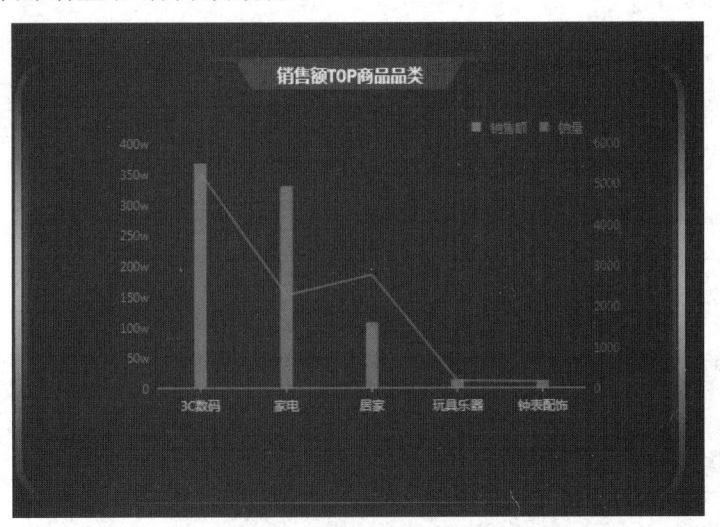

图 6-3-14　销售额 TOP 商品品类

如图6-3-15所示，在下面直播间，可以发现螺蛳粉的曝光点击率是最高的，综合单价和销售转化情况，就可以将螺蛳粉作为下次直播间的引流款和热卖款。

图 6-3-15　热点商品排行

如图6-3-16所示，发现某款乾坤大礼包零食是下单未付款率最高的，观众下单但是没有付款（即所谓"压单"），此时就需要优化主播引导付款的话术，而不是一味地引导观众下单。

图 6-3-16 压单商品排行

（二）用户总数

每场直播的总观看人次，是一个很重要的数据。

如果可以统计所有渠道的流量并进行区分，即可统计到哪个渠道的引流效果最好，下次直播可加大宣传力度。另外，根据观看人数的数值，可以分析哪个时间段的观众最多，什么样的话术和直播形式更受观众欢迎。

如图 6-3-17 所示，某直播间从 19:25 到第二天 0:10 都一直保持着相对较高的人气。而最高峰值出现在 00:07。也就是说，用户从直播开始后就大量涌入，并且大部分用户愿意留在直播间。

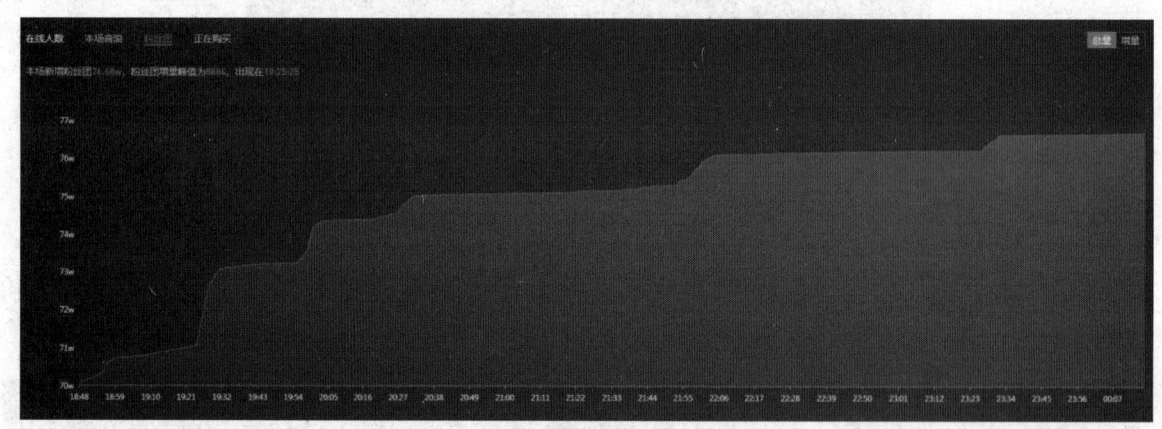

图 6-3-17 在线人数实时监测

（三）用户停留时长

相比让用户进入直播间，让用户留在直播间要更难。

如果直播的效果不好，或者主播的能力不够，用户就会选择去其他直播间；直播间的用户留存数据决定着系统能否给你的直播间分配更多的公域流量。

用户停留的时间越久，说明直播间的产品越有吸引力，主播对用户的影响越大，直播间的人气越高。按照抖音的推算机制，系统就会将你的直播间推荐给更多人看。

所以，留住直播间的用户，提高用户留存时间，可以大大提升系统对直播间的推荐力度。

（四）新增粉丝数

新增粉丝数与观众总数的占比，反映了转化新粉的能力。

当直播流量来源中推荐流量占比较高时，转化新粉占比较低很正常。因为推荐来的流量一般都不太精准，所以涨粉率低。如果直播转化新粉占比低于 5%，就说明陌生用户没有被直播内容吸引，影响因素包括人、货、场多方面。

新增粉丝数比较少，可以从以下角度进行分析：是主播不会活跃气氛，不会说话吗？还是直播间场景搭建不符合粉丝的审美？或者产品没有人喜欢？直播间没有布置好？任何一个数据的背后，都是有迹可循的。

一场直播下来，粉丝转化率的高低，是衡量直播间能不能抓住粉丝胃口、有没有足够吸引力的重要依据。

如图 6-3-18 所示，某直播间单场直播涨粉 5.84 万人，整场直播间的累计观看人数为 480.72 万人，转粉率达到 1.22%。从这个账号的新增粉丝团数据来看，其直播间的吸引力相对较强。

图 6-3-18　人气数据

（五）音浪收入

音浪是抖音平台使用的一种虚拟币，它是在直播过程中，通过粉丝打赏来获取，以音浪的方式来呈现的。音浪的收入越高，直播间的人气越高，主播收入也越高。

很多主播会联动其他主播给自己的直播间打赏，目的就是提高直播间的人气，并带动其他用户一起打赏。

例如，某直播间的直播间音浪值为 12.04 万，相当于纯收入 5 418 元（音浪收入等于音浪值× 0.045）。

（六）用户画像

直播间的带货效果，往往取决于进入直播间的人群是否精准。

如果直播间的产品只是根据主播自己的喜好，而不是根据用户画像而选定，直播效果就会大打折扣。直播间的用户画像主要数据包括年龄、性别、兴趣、来源等，掌握了这几个数据，无论是选品还是直播间优化，都能找到切入点。

如图 6-3-19 所示，某直播间的视频观众画像中，明显女性占比偏高，且年龄段以 25～35 岁的年轻女性为主。

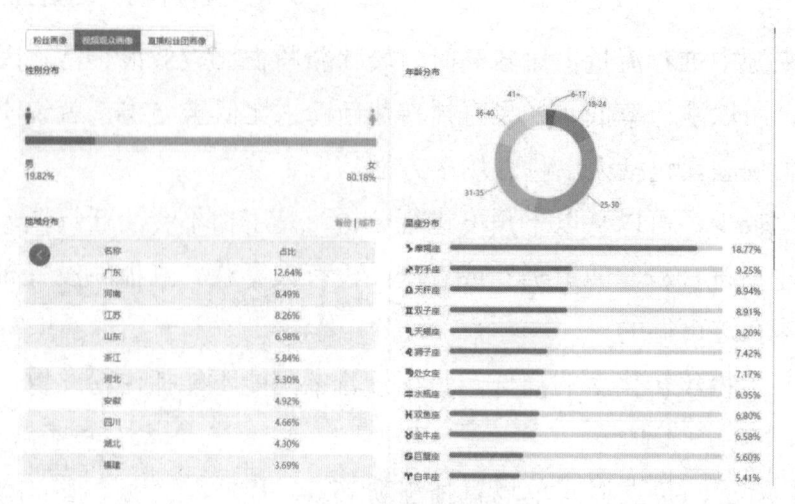

图 6-3-19　视频观众画像

因此，该账号依据内容定位和用户画像，在直播间只卖和瑜伽、塑形有关的产品。

（七）互动数据

从直播观众的互动数据中可以看出用户的购买倾向和主要需求，互动数据中最主要的就是弹幕词。

通过直播间的热门弹幕词，主播可以知道粉丝都喜欢聊什么，下次直播的时候就可以多准备一些相关的话题，来活跃直播间气氛；还可以知道观众对哪些商品的兴趣比较高，在之后的直播中可以持续进行推广；或者用户对哪些方面有疑问，可以在下次直播前准备好，避免出现直播事故。

以某场零食直播为例，通过关键评论，可以快速发现直播间的观众对酸辣粉和螺蛳粉更感兴趣，主播可以着重介绍这两款零食，尽可能地引导观众下单转化（见图 6-3-20）。

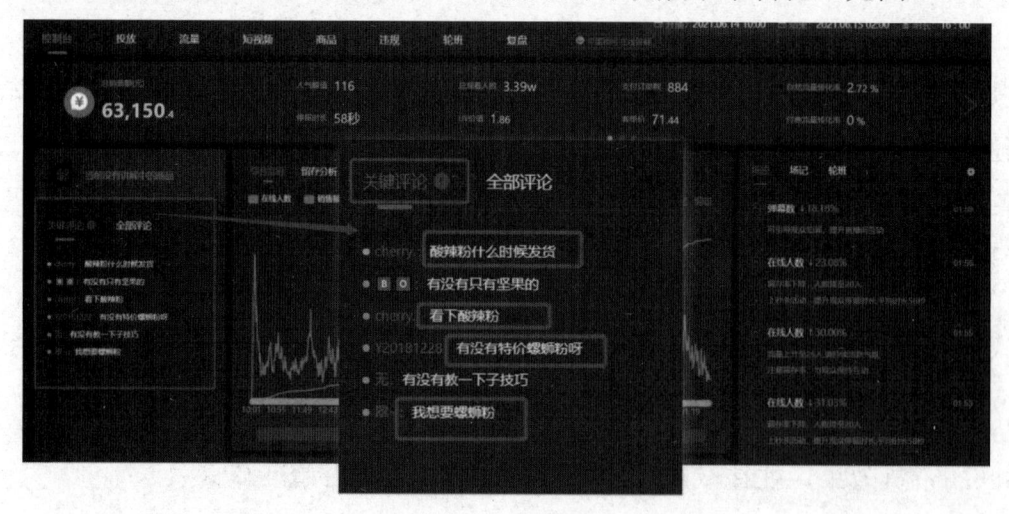

图 6-3-20　关键评论

三、直播运营优化评估标准

找出问题之后，接下来要做的就是直播间的优化。直播间优化可以从以下几个方向去改进。利用直播数据分析工具，了解直播营销效果的相关数据。有了这些数据，在产品选择、主播改进等方面就会有比较清晰的决策依据。

（一）产品选择

1. 选择转化率高的产品

直播复盘时，要关注产品的转化率数据，上一场直播的转化率数据可以指导下一次直播的选品。直播的转化率，就是到达直播间并产生购买行为的人数和所有浏览直播间的人数的比率。计算方法为：转化率=（产生购买行为的人数/所有浏览直播间的人数）×100%。在直播运营时，一般通过用多个产品筛选的方法，找到转化率相对较高的产品。例如，如果选了20个产品类目，做测试的时候发现其中5个转化率比较高，说明粉丝喜欢这5个产品，那么就可以根据这5个产品的特征去选择下一次直播带货的产品。假如直播间总共就几个产品，粉丝都不喜欢，就没办法测试出粉丝到底喜欢什么样的产品。

2. 选择符合用户兴趣的产品

要关注用户画像的数据，根据数据来选择符合用户兴趣的产品。

如果主播是内容垂直达人，可以先做与账号定位相关的垂直领域产品。比如：美食类达人，选择的直播带货产品一般是与美食相关的调料、厨具、特产等；产品测评类达人，选品主要是与健康、安全相关的产品，如去甲醛产品、婴幼儿产品、美妆产品等。

如果主播并非内容垂直达人，可依照粉丝画像选品。比如：女性粉丝多，可以选择美妆、服饰、居家用品、美食等类目的产品；男性粉丝多，可以选择数码科技、游戏用品、汽车用品等类目的产品。

3. 选择好品相、好品质、好品牌的产品

根据用户的反馈数据，选择好品相的产品。也就是说，从外观、质地、使用方法以及使用效果等各个方面，选择对感官具有冲击力的产品。直播带货是具有场景感、沉浸感的互动式带货，人都是视觉动物，好品相的产品更能激发用户的购物欲望。

根据用户的反馈数据，选择好品质的产品。所谓好品质的产品，是指实际使用效果好（超出预期）、性价比高、售后服务好的产品。

根据用户的反馈数据，选择好品牌的产品。品牌背书有利于转化率的提升，应优先选择有一定知名度的产品，以保障产品质量，避免出现售后问题。

4. 选择符合用户消费能力的产品

反映用户消费能力的一个重要数据是客单价。客单价是指直播间每一个用户平均购买商品的金额，也就是平均交易金额。客单价的计算公式为：客单价=销售额÷成交顾客数。

根据直播间用户数据，可以判断用户的类型是高客单价、中客单价，还是低客单价。一般来说，高客单价是单价>100元、中客单价是单价50~100元、低客单价是单价<50元。专业型的主播人设，推荐的产品可以以高客单价为主、中客单价为辅。文化娱乐型的主播人设，推荐的产品可以以中客单价为主、低客单价为辅。亲民型的主播人设，推荐的产品应以中低客单价为主。

直播营销

【案例6-4】

继昵称瓶、歌词瓶之后，2015年可口可乐再次在标签上玩出新花样，将消费者熟知的台词印在瓶身上，和生活场景紧贴在一起，表白神器、道歉神器、孤独神器……每个人都能在台词瓶中，找到自己的专属回忆。在此次"战役"中，可口可乐筛选了"咱们结婚吧""如果爱请深爱"等49句台词（见图6-3-21），围绕"让分享更有戏"的品牌诉求进行线上线下推广。

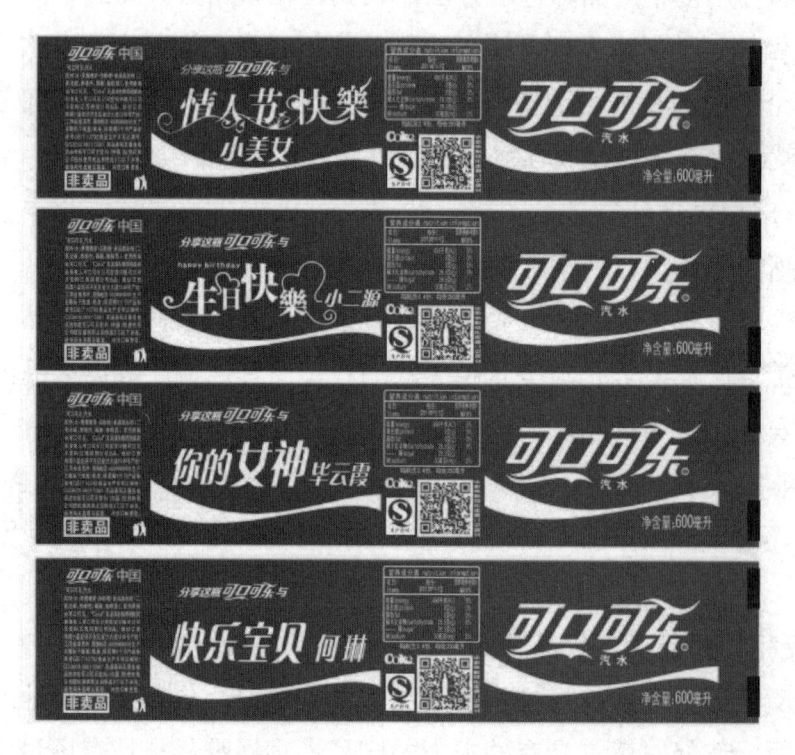

图6-3-21　可口可乐台词标签

可口可乐推出"明星大咖秀"互动专区，邀请8位好莱坞明星，以可口可乐台词瓶为主题，制作了8部短片。用户可以投票选出自己最喜爱的明星大咖秀台词瓶作品，同时可口可乐也鼓励用户自主拍摄并上传短视频参与活动。

（二）主播改进

通过直播数据分析和直播复盘，可以提升主播的引导力、感染力、亲和力等，从而达到更好的直播营销效果。

1. 选择好主播的"黄金档"

很多主播都以为晚上7—11点是直播的黄金时间，于是都在这个时间段"盲目开播"。确实，每晚的7—11点都是直播的高峰期，会有大量的用户同时打开手机看直播。但同一时间，竞争的主播也最多。如果你是新人主播，你就需要去和那些已经成气候的大主播竞争。

假设一下：黄金档有100个主播，你的直播间排第50，大家一起去抢10 000个访客。凌晨档只有20个主播，而你排进了前5，大家一起去抢3 000个游客。通常，80%的游客会被前十的主播"占据",所以主播要选择好自己的"黄金档",避开高峰期,先选择非热门时间段进行直播。

在直播复盘中,主播应对比不同时间段的直播数据,找出最适合的时间段来直播。当然,随着粉丝数逐渐增加,在时机成熟的情况下主播可以考虑调整直播的时间。

2. 积累直播间的控场技巧

通过不断直播复盘,主播才能逐渐掌握直播间的主动权和控制权。

很多新开播的主播应该都有这样的经历:第一次直播,观众不足百人,因为毫无直播经验,一小时的直播时间几乎全程冷场。回答最多的问题不是"主播多大了"就是"主播哪里人"。往往这种时候,如果主播只是乖巧地一问一答,而对方却不再给你回应,那场面就很尴尬了。

主播除了回答问题,更需要提出问题,引导话题。很多粉丝来到直播间是为了消磨时间,如果主播只会很被动地等待粉丝制造话题,粉丝当然会失去兴趣。这就像看电视一样,碰到一个无聊的电视节目,不转台难道等着被催眠吗?如果主播可以做到自己一个人就能嗨翻全场,干聊三个小时不嫌累,各种话题游刃有余,不论诗词歌赋还是人生哲学都可以聊上一波,那很快就不断会有粉丝被主播的魅力吸引。

所以,主播要通过直播复盘,不断积累粉丝感兴趣的话题,积累直播间的控场技巧,才能做到应付各种话题游刃有余。

3. 分析引起粉丝购买行为的触发点

有的主播颜值高、爱说话,直播间的粉丝多,也很热闹,但是粉丝购买得不多。如果是这种情况,主播应该思考一下是否粉丝团没有经营好,用户是否还没有养成消费习惯。他们只是来看,来聊天,觉得主播很好玩,但是并没有准备来消费。

直播间有很多场景会引发粉丝的购买行为,如直播间热烈的互动氛围、主播的精彩表现等。对于善于复盘的主播来说,一定会分析总结究竟怎样的互动、怎样的表现激起了粉丝的热情,并结合粉丝群体的特征,分析粉丝的心理,做到胸有成竹、有的放矢,从而拉动直播间的销售额。

任务4 直播经验的技巧总结

优秀的直播离不开引人瞩目的优秀主题,因此如何确立直播主题、吸引用户观看直播,是直播营销中最关键的一个步骤。

一、选好直播主题:以用户为主

(一)符合直播目的

一场直播中,主播首先要确定直播的目的是什么,如是宣传品牌、清仓活动、上新款,还是回馈粉丝等,并应根据自身情况安排好直播的各个环节(如粉丝福利等)。如果没有确定好直播主题就开播，那么整场直播就会像一只无头苍蝇似的随意乱转，直播间观众自然也容易流失。

（二）符合用户需求

在服务行业有一句经典的话叫作"每一位顾客都是上帝"，在直播行业，用户同样也是上帝，因为他们决定着直播间人气的高低，没有人气的直播是无法经营并维持下去的。因此直播主题的策划应以用户为主，从用户角度出发。

（三）抓住时代热点

在互联网发展得无比迅速的当代，热点就代表了流量，因此，及时抓住时代热点是做好营销的不二选择。在这一点上，企业要做的就是抢占先机、迅速出击。打个简单的比方，如果一个服装设计师想要设计出一款引领潮流的服装，那他就要有对时尚热点的敏锐眼光和洞察力。确定直播主题也是如此，一定要时刻注意市场趋势的变化，特别是社会热点所在。

【案例 6-5】

2021年东京奥运会就是一个大热点。各大小企业纷纷抓住这个热点，将自己的产品与奥运会联系在一起，利用"奥运"的热点推销产品。

虽然这次奥运会观众寥寥，许多人无法亲自前往，一睹运动健儿们的风采。但三星也利用了这一点，强推了一把旗下的手机。不是去不了现场吗？不着急，科技会把奥运会带进教室、客厅和滑板公园。有了稳定的高速网络和高清晰度的手机屏幕，无论你是在高速移动的地铁，还是在荒无人烟的郊野，你在哪儿，哪儿就是实时赛场。

2021年7月24日，中国选手杨倩参加东京奥运会女子10米气步枪比赛，以251.8环的成绩打破奥运会纪录，并拿下东京奥运会首金。在决赛中，当21岁的杨倩沉稳地射击时，她扣响板机的手指上粉红色的美甲极其醒目，她头上还戴着小黄鸭发卡、胡萝卜发圈，在赛后采访中，她提到小黄鸭发卡其实是她的幸运物。这届奥运观众，迅速买起了同款（见图6-4-1）。在淘宝上，小黄鸭发卡取得短短几天卖出5万+的成绩。拼多多数据则显示，"奥运同款"销量直线上涨，其中"小黄鸭发卡"销量增长380%。义乌国际商贸城等各地小商品市场里，商家们轻松收获爆款。据报道，一位来自长沙的网店店主提到，杨倩的同款发饰上一年就上线了，上线之初销量不错，但后来销量一直下滑。直到杨倩夺冠后，销量才从个位数迅速增长至上千件。

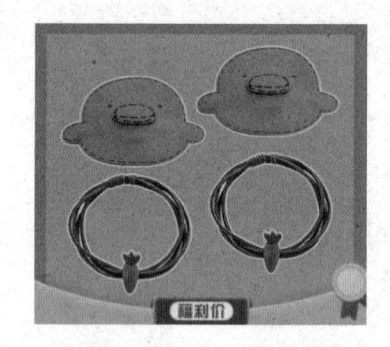

图6-4-1 杨倩同款发饰

2021年7月25日，谌利军夺得奥运会男子67公斤级举重金牌，不久后，"从特困家庭里走出的奥运冠军"登上微博热搜。谌利军10岁进入体校学习不久，父亲就检查出脑癌，家庭也因此陷入贫困。这些年谌利军的工资和奥运奖金大多用来偿还家里的债务。而在里约奥运会，谌利军还曾因为伤病退赛，5年后才再次代表中国队站在东京奥运会赛场上。谌利军的故事打动了不少人，不久后平安健康险便宣布邀请谌利军担任健康大使。拿到代言后，谌利军在微博感谢网友"帮我找到代言"（见图6-4-2），这朴实的感谢，让这条微博再次登上热搜。对于平安健康险而言，签下谌利军无疑是一次成功的营销。无论是伤病，还是并不优越的家庭境况，谌利军代表着许多运动员的生存现状。相比于其他明星，中国消费者对运动员的代言一直都有着极高的认同度，签下奥运冠军更利于企业塑造品牌形象。

图 6-4-2　谌利军微博

二、围绕产品特点：展现其优势

（一）品牌故事

对于知名品牌来说，往往主播不太需要强调品牌背后的故事。用户哪怕不懂品牌背后的故事，也知道那是一个品牌。

对于非知名品牌来说，主播就需要对品牌故事进行详细阐述。比如：某品牌的创始人是怎样创业的，过程如何艰辛，某品牌的核心价值观是怎样的，等等。

（二）产品卖点

越是简单的描述，越能够让消费者记住。核心卖点一个就够了，其他的非核心卖点稍微提一下就可以。

比如一款面膜，市面上常见的营销套路一般都是说它既能美白又能补水，还能消除皱纹等，说到最后消费者也搞不懂该款面膜的优势是什么，感觉跟其他牌子差不多，这种芝麻西瓜一把抓的介绍方式要不得。在产品推荐时，应简简单单地说透一个卖点，如该款面膜美白功能很强大，强大的背后是因为有什么美白因子之类的黑科技，这些美白因子能够渗透几层肌肤，多少个小时内清理掉皮肤毛孔的垃圾和黑色素之类的。与市面上大部分的面膜相比，后者的美白功效仅有我们这款的一半都不到，而且它们很多成分无法被皮肤很好吸收等。

（三）使用场景

很多人看直播买东西时都没有很明确的需求，逛着逛着就冲动消费了，买回来后发现实际作用不大，要么退货、要么丢闲鱼转手、要么搁家里吃灰。冲动的次数多了，很多消费者慢慢变得理性，在下单之前就会思考"我有没有必要买这个商品"。

因此，使用场景的描述，等于是给消费者一个买单的理由，让他们没有需求也被激发出需求来。假设消费者在直播间中看到某位主播正在介绍某款小电风扇时，完全没有想购买的欲望，家里都有空调了，落地扇都不买，还买这个小电风扇干什么。这个时候主播来了一句，你可以买一个放在办公室的桌子上，这样趴着午休的时候吹着不会容易出汗，也睡得舒服。一下子，这场景就在脑海中浮现出来了。经常使用午睡枕的办公室一族虽然吹着空调，可趴在枕头上睡觉，天气热的时候还是不舒服，而这款小电风扇就能够解决这个问题了，方便实惠，买它，下单顺理成章。像这种使用场景的描述可以是多个，因为产品所面向的消费人群也不只是单一人群，除了办公室白领，小电风扇也很适合学生一族。

三、从用户角度切入：迎合其口味

从用户角度切入，最重要的是了解用户究竟喜欢什么，对什么感兴趣。有些直播为什么如此火热？用户为什么会去看？原因就在于那些直播迎合了用户的口味。

（一）引起用户情感共鸣

每次直播，都不是随心所欲的交谈，而是精心设计的营销。无论是日常直播，还是有特定主题的直播，或者是与粉丝连麦等活动，从本质上看都是比较正式的商业沟通活动。这就要求主播的语言有充分的感染力，通过语言的组织和设计让思想变成文字，再从文字演化为画面。这样，用户虽然面对的是窄小的直播间，却能引起情感的共鸣，在眼前浮现出想象的画面，感受到直播带来的乐趣。

（二）选择用户喜爱的话题

在直播间内有时会有尴尬的时候，气氛逐渐结冰，主播进而更加沉默，误打误撞进来的粉丝不知道主播在做什么，主播与粉丝面面相觑、相顾无言。这时，主播需要选择一些用户喜爱的话题，带动直播间的气氛，让直播间的讨论活跃起来。

1. 影视话题

美剧烧脑、韩剧催泪、日剧治愈、国产剧热血，总有一款电视剧可以打开直播间众人的话匣子。边追剧，边吐槽，在紧跟时代潮流的同时发表自己的观点，还可以在直播间抛出话题引发粉丝讨论。

2. 趣事奇谈

分享自己或好朋友的照片、趣事奇谈或者八卦逸事。

3. 热门话题

微博热搜榜，是网络热点的指向标。微博是中国最重要的互联网公共表达平台之一，而"热搜"常常被认为是公共讨论的"晴雨表"和"风向标"。热搜最初只是新浪网设置的一个功能，却逐渐成了舆论的阵地，甚至成为一种文化和生活方式。通过热搜，我们可以快速了解日常生活之外所发生的、引起热议的时事。微博热搜榜也是直播间容易引发讨论的话题。

4．情感问题

爱情、友情、亲情，亘古不变，虽然很多都是鸡毛蒜皮的小事，但是许多人却会为之烦恼。给正在经历烦恼的小姐妹们一点小小的建议与忠告，很快就能让她们敞开心扉并进而积极参与直播间内的话题。

（三）让用户深度参与互动

直播是一种即时性、强互动的内容形式，具备内容和强互动双重属性，主播一般向用户传达内容的同时与用户进行互动。国内直播之所以火爆，关键就在于高质量的互动玩法使用户和主播对直播平台的依赖性变强，因此，主播和用户都会投入大量时间参与活动。下面是直播平台中常见的几种互动玩法。

1．道具互动

每个直播平台上都会有很多有趣的虚拟道具，比如跑车、飞机、游轮、钻戒、挖掘机、小黄瓜、萌哭、给跪、么么哒等。用户通过给主播送礼物的方式，表达自己的情感、想法，这是直播平台上常见的互动方式。

2．多人小游戏

直播期间，用户除了向主播提问、闲聊、看"秀"外，还可以一起玩很多互动小游戏，如真心话大冒险、数三十、抢红包等。这些游戏都可以多人参与，有奖也有罚。一般情况下，主播输了要接受用户提出的惩罚，用户输了要给主播送礼物。

3．主播视频连麦

主播视频连麦是指两个主播连线互动，可以互相娱乐、合唱或者玩游戏，在玩游戏时会决出输赢，输的一方会受到一些惩罚。目前市场上的直播系统中基本都包含了连麦功能。

4．直播歌曲

在直播歌曲的形式中，主播通常会采取喊麦、卖萌等方式活跃直播间气氛，娱乐观众。喊麦是指以说唱的形式主持，歌词基本是对句的形式，能够押韵，朗朗上口；卖萌通常是指主播模仿幼儿唱歌口齿不清、气息不稳、节奏不齐的特点，然后再配合一些卖萌表情，在选曲方面，都是一些耳熟能详的儿歌。

项目 7

运营与营销技巧

【项目综述】

直播潜力巨大，但做好直播并非一件轻而易举的事情，需要主播掌握相应的法则和一定的技巧，有效地与用户和粉丝互动，并采取各种方式不断提升自我，这样才可以成为一名优秀的主播。

【项目目标】

知识目标

➢ 了解直播账号运营管理技巧。

➢ 了解粉丝获取与留存技巧。

➢ 了解主播的形象塑造与直播能力要求。

技能目标

➢ 能够设置并管理直播账号。

➢ 能够分析直播间用户的数据。

➢ 掌握粉丝社群的构建与运营技能。

➢ 掌握直播间互动与转化技巧。

情感目标

➢ 培养学生的创新创业精神。

➢ 提高学生的团队合作意识。

➢ 增强学生的学习兴趣和主动性。

➢ 提倡试错并勇于承受挫折。

【情境导入】

晓娅和阿琦非常积极上进,他们制定了自己未来的职业规划,希望通过自己的努力,以后有机会可以成为一名优秀的直播运营。运营主管告诉他们,运营岗位不仅要负责直播的日常运营、内容策划、官方活动资源对接报名,还要负责维护对接的 MCN 机构或网红主播,维护与 MCN 机构或主播的长期良好合作,及时与主播进行沟通,激励主播创造优质内容,维系主播与粉丝的关系,打造主播个人品牌,提升直播各维度数据。

任务1　直播账号全方位打造技巧

一、构建直播平台矩阵

(一)选择合适的直播平台

第一类:电商直播,如淘宝、京东等。

淘宝直播是行业领先者,有数量庞大且非常容易转化的流量;京东品质用户居多,容易到店转化,所以京东、天猫是产品企业的首选。淘宝、天猫的主要消费人群是年轻女性,基于此,淘宝直播定位为"消费类直播",消费领域的 KOL(关键意见领袖)、明星等群体都存在,商家可以找到适合自身的主播或者 MCN 机构,依托达人或者机构给自己卖货。

第二类:公域流量直播,如抖音、快手等。

抖音的流量偏娱乐性,短视频的转化率非常高,更适合品牌知名度的培养。快手主攻下沉市场,目标用户更多聚焦在三线及以下城市,更加年轻化。

抖音的口号是"记录美好生活",内容调性是"突出美好",内容分发方式为"智能算法推荐+社交分发"。抖音采取的是"中心化"的流量分发模式,倾向于推荐给你可能喜欢看的内容。用户制作并上传短视频后,会先被给予一个初始流量池,抖音会根据完播率、点赞量、评论量、转发量等反馈指标决定是否继续分发。如果视频反馈较好,将层层推荐至更大的流量池,流量能快速汇集至高质量内容,对优质内容创作者非常有利。

快手平台操作简单、记录轻松、功能丰富,并且避免注意力资源的两极分化,让每个人获得相对均等的机会,真正惠及长尾用户。快手采取"去中心化"的流量分发模式,倾向于给用户推荐关注的内容。对用户上传的视频根据标题、描述、位置等打上标签,并匹配给符合标签特征的用户。

第三类:私域流量直播,如腾讯直播、基于微信的其他直播小程序等。

公域直播的价值在于拿到新的流量,而私域直播更大的价值在于如何种草和实现强转化。私域流量直播以腾讯的看点直播为代表,在此类平台做直播,既可以通过社群引流又可以激活自己的老客户,所有参与直播的用户都能够沉淀下来,成为私域流量池,方便未来转化。

腾讯直播是腾讯官方出品的直播工具,是开播端,也是商家开启直播的后台。看点直播是小程序，是观看端，是客户进入直播间看直播的通道。看点直播的好处在于，可以使用腾讯系的流量进行推广，有一定的概率可以帮品牌获得自己私域外的流量。但是用户在看点直播购物时需要跳转到商城，也就是说，用户购物时会有跳出行为，需要从看点直播小程序跳到另一个商城小程序里购买。

小程序直播是微信团队在2020年2月开发出来的，可以在商家自有小程序中实现直播互动和销售闭环。小程序直播可以最大化地融入微信本身的社交和内容生态，除了具有用户优势，流程在商家小程序内完全闭环，即它的所有访问、互动及交易均在商家自有的微信小程序内完成，无须跳转到其他App以及其他小程序。也就是说，直播带来的所有流量，都会沉淀在商家自有的小程序中，更有利于商家长期运营。

（二）确定直播账号的组合

1. 品牌直播为何要建立账号矩阵

每个账号、每个直播间获得的流量是有限的，账号矩阵可以为品牌获得更多的流量曝光。每个直播间在初始流量池中获得最初的曝光，系统再根据用户点击量、停留时长、互动指标等多方面的考核数据进行下一步的推荐。受账号标签和用户反馈等各方面的影响，每个直播间所获得的总推荐是有限的；而建立账号矩阵的优势是吸引不同用户进入不同直播间，从而最大化地帮助品牌商家获取流量。同时，品牌还可以结合自身产品和业务，对账号进行差异化定位运营，这样也能通过不同账号导入更精准的用户群。

此外，相比于经营单一的账号，做账号矩阵的试错空间大，可以增加爆款概率，内容是获得爆款的关键。比如抖音的兴趣电商是通过内容激发用户消费兴趣，为商家带来生意增量。但对于大多数习惯了传统电商模式的品牌商家来说，将内容与商品结合是一个巨大的挑战。品牌可以建立账号矩阵，结合品牌调性、目标用户、当下热点和主打产品线等不断对账号做内容调优，以此来打造爆款，为品牌带来更多流量和转化。

2. 品牌直播应该怎样建立账号矩阵

（1）搭建品牌号与IP号定位不同的直播矩阵

有专业内容基因和强销售基因，且受众人群要求比较细分的品牌，可尝试"品牌+IP矩阵"的带货方式。一来可以通过多账号内容发布，来提升品牌在整个平台的声量和销量；二来可以通过差异化人设打造，为品牌沉淀不同偏好的用户，从而打开"单一账号可获流量（尤其是精准流量）有限"的局面，通过流量带动销量。比如，某国内知名二手奢侈品交易平台已经形成了线上线下两种商业模式，线上除了打造自有App并设置有直播入口外，也加入了抖音直播带货的阵营，形成了"品牌+自有IP"的直播矩阵，并签约了头部时尚类目主播为其长期带货。从品牌号看，其旗下有2个主号都是以轮换主播的形式保持高时长常态店播，直播时长多在15小时以上。这样做的优势是：能全面承接住平台各时段进入直播间的流量，用户无论何时何地看到感兴趣的内容，都有机会进入正在开播的直播间，从而提升成交转化率。而具体到直播上，由于二手奢侈品的整体客单价都非常高，SKU丰富但库存有限（多为单品存在），所以主播往往会按照自己的节奏，并结合直播间用户的评论需求和现有货品来逐一推荐商品。在讲解时，也会注重讲解每款产品的细节，包括上市年份、成色状态、瑕疵情况、可购买原因等，以此来打消用户的购买顾虑。

除了店播号，该平台还培养了多个风格鲜明的IP人设账号，相比于品牌号，这些IP号的价值主要在于品宣，账号内容也不会围绕某一带货主播来量身打造。IP号的内容显然是为"人设"服务的，以强化IP与用户的情感连接，并通过极致信任来带动规模交易。相对于品牌店播直播间，有着强IP人设的直播间往往库存相对也会更为丰盈，以尽可能满足多个用户的购买需求。代表IP账号1的内容侧重以现代人普遍关注的"情感话题"作为切入点，然后通过一问一答的形式来植入买包、用包知识。偏社会化议题的视频讨论，精致帅气的外形，加上略为毒舌但不乏风趣幽默的点评，能有效拓宽内容触达面，吸引更多潜在爱包人群关注。IP账号2的内容则更为专业、聚焦，主体内容在于告知用户如何在购买、用包的过程中，减少避雷、踩坑事件发生。而另一IP账号3则是旗下主打高端腕表的推荐账号，内容基本会围绕腕表知识来展开。与店播号不同，IP号往往建立在稳定优质的内容输出和精准人设定位基础上，因此，带货效率往往也会更高。

（2）根据不同产品、业务搭建直播矩阵

对于产品线、业务线复杂的品牌（尤其是标品），建议可以通过矩阵号的搭建来分流用户，将用户带入不同的直播间，从而促成转化。比如，美的集团拥有消费电器和暖通空调等多条业务，并基于不同的产品业务线，或是解决方案的差异，搭建起了美的集团直播账号矩阵（见图7-1-1），@美的生活旗舰店、@美的家居电器旗舰店、@美的智慧生活体验馆、@美的厨热电器等，以精准的账号定位来满足不同用户的潜在购买需求。以@美的生活旗舰店为例，顾名思义，该店铺主打产品是生活小家电，其中又以厨房小家电偏多。以主推的空气炸锅为例，会占据一场直播的很多时间，同时还会配套上架一些可以搭配空气炸锅使用的食材，如蛋挞、奥尔良鸡翅腌料等，并通过"傻瓜式"教学分享，来加速用户购买决策。为了吸引更多用户走入直播间，在直播前和直播中间，@美的生活旗舰店还会提前发布配套的多支预告视频，如连续发布4条关于空气炸锅的短视频，包括产品种草、福利优惠、空气炸锅食谱分享等，以扩大直播流量的基本盘。

还可以通过整合各产品线、业务线，打造独立直播间的优势，实现精准用户的分流导入。这样不仅可以丰富直播间SKU，提升直播间看点，满足各类看播用户的潜在购物需求。还可以集中化营销资源，通过高频次的直播营销来拓宽获客入口，从而提升销售额。品牌方通过设置不同直播主题，搭建不同的主题直播场景，也能在增加看点的同时，基于抖音的算法推荐技术为直播间导入更多精准用户，带来更多流量。以@小米直播间为例，它每场直播的主题都不尽相同，如小米家居好物日、小米户外出行日、小米影音娱乐日等。直播主题不同，主推的产品也会不同，这样，引入直播间的用户属性、用户兴趣自然也就不同。这样做的优势在于：能在销量之外，靠直播来传递小米生态的理念，从而通过产品、主题差异，影响到更多关注领域在 3C 数码外的用户群体。

图 7-1-1　美的集团直播账号矩阵

（三）直播账号打造技巧

直播账号，就是我们在各个平台的 ID，它是我们带给网友的一张名片。别小看直播账号，这其中也暗藏"宝藏"，打造好直播账号，就可以形成第一波的引流。

1. 直播账号名称的设置

在越来越个性化的互联网时代，账号名称，即主播的名字一定要充满个性，既体现个人特点，又要好记，让粉丝可以脱口而出。在取名的时候，尽量不要超过 5 个字，太长的名字不容易被粉丝记住；同时，尽量避免多音字或生僻字，以免让粉丝产生困扰。一旦确定好账号名称，没有特殊情况就不要更换。还有一点需要注意：账号名称一定要多个平台统一，太混乱的名称只会淡化粉丝的记忆，甚至让他们误以为这些不同的账号名称是不同的人，这样非常不利于主播的聚焦。如何给直播账号取一个合适的名字？可参考如下方法。

（1）根据直播的内容来取名字

首先要想清楚自己要直播什么，直播的内容有哪些，想输出什么样的观点，或者想表演什么样的才艺及特长，弄清楚这些以后再取名字就不难了。按这个方向和思路走下去，这样取的名字一定很棒。

（2）可以用自己喜欢的偶像名字的谐音来取一个寓意良好的名字

因为喜欢的偶像可能在无形之中给了自己很多正能量的影响，潜移默化中给了你前进的方向和动力，所以用他们名字的谐音加上自己的创作来取一个名字，也是一件很有意义的事。

(3) 把自己喜欢的事物或觉得美好的东西运用到名字里面

一个人喜欢的事物肯定很多，要思索一下然后挑选出来，用合适的字眼衔接上去，构成一个独特的名字。或者自己想去的某个地方，旅游过的一些城市，或让你印象深刻的人，这些都可以成为你取名字的素材，可以好好利用。

(4) 贴合自己的性格和打扮的风格来取名字

名字其实就是给自己打造的一个外在形象，所以你取的名字可以贴合你的气质和风格，同样，你的气质和风格也给你的名字带来了一个实际可见的诠释。大家通过你的名字首先记住你，然后看到你的直播，看到你带给大家的表达或者欢乐，相信这也是你取这个名字的初衷。

(5) 根据自己所从事的行业来取名字

这个方法其实非常实用。比如从事建筑行业的，就取一个和建筑类名词相关的名字，从事餐饮业的就取一个和餐饮服务业相关的名字，从事时尚美容业的就取一个洋气甜美的名字。你取的名字和行业的相关度越高，越说明你直播的专业性和你所输出内容的权威性。

(6) 不管取什么样的名字，建议都不要取得太长或太短

2. 直播账号的设置

所有直播平台都会提供账号设置界面（见图 7-1-2），包括头像设置、性别设置、爱好设置等。细心的主播会对此大做文章：选择自己最好看的头像、详细说明自己的爱好等。这样当新网友发现主播时，就可以快速对主播有一个完整的了解；反之，如果账号设置中一片空白，则网友对主播没有丝毫了解，很难产生进一步的好感。所以，一定要重视账号设置，让自己的特质尽可能地展现出来。

图 7-1-2　账号设置界面（以淘宝为例）

3. 直播定位的设置

直播是主播作为导购，基于专业化知识，针对消费者痛点与痒点进行引导，并借助真实评价反馈与互动交流，提供购买建议，从而促成消费转化的过程。一场成功的直播实际上是一项系统工程，但首先要做的就是精准识别消费者需求，找到消费者痛点与痒点，并从直播内容上寻找差异化的突破点，其主要包括以下 4 个步骤。

第一步，深入调研消费者，分析消费者的基本参数，如性别、年龄、职业、收入水平、地理位置等，完成消费细分，目的就在于挑选合适的直播对象，以使直播有的放矢。

第二步，选择最合适所推荐商品的消费者群体，并完成消费者画像。在这个过程中，需要解决"6W1H"的相关问题，即哪些人是我们的直播对象？他们需要买什么？为什么买？哪些人参与购买？如何购买？何时购买？这有助于了解消费者的行为特点，帮助主播做出更有效的直播行为，并为供应链等相关人员提供工作依据。

第三步，针对消费者的需求痛点，有效构建直播的看点、直播商品的卖点，提高直播的商业价值。就目前而言，电商直播不仅头部效应强烈，同质化现象也非常严重，多数直播间的定位都围绕着专业性、性价比、货品丰富等关键词，但这些显然已经很难使其在无数竞争者中脱颖而出，更无法成为直播间的标配属性。如何打造有趣、有料的直播内容，建立直播间特有的直播调性，打造直播间的核心竞争力，是每一名主播需要思考的方向。

第四步，直播电商企业拥有了清晰的市场定位和商业逻辑后，还需要对其形象等进行持续塑造，培养与确认消费者的心理认知，持续强化消费者的认可、支持和偏爱。

定位的设置，主要体现在直播间介绍，以及主播个人介绍的签名档"小尾巴"上。多数只是一句话，但却可以展现主播具体侧重于哪个方向。例如，"×××专注于互联网营销、社群裂变、粉丝维护、带货技巧……每周二、四、六晚 8 点准时开播，带给你不一样的互联网运营思维！"这种定位设置精准、详细，既说明了侧重的方向，又公示了直播的时间和频次，会大大提升网友对主播的认知。

4. 直播素材的设置

在 B 站、斗鱼等平台，点击主播账号后，会出现更加完整的界面，包括直播列表、主播文章等，这都是直播素材的组成。主播可以将人气最高的直播回顾、粉丝最喜欢的主播照片放在显著位置，让网友很容易看到精华内容。一旦觉得这些内容足够新鲜、有趣、有价值，他们就会点击"关注"，成为主播的粉丝。直播需要准备的基本素材如下。

① 直播主题素材、直播活动名称。

② 直播封面图（图片尺寸：640×360 像素，支持 JPG/PNG，图片大小不超过 2MB）。

③ 直播间分享封面（图片尺寸：120×120 像素，支持 JPG/PNG，图片大小不超过 50KB）。

④ 直播时间、地点。

⑤ 公司简介/PPT。

⑥ 直播背景音乐、道具素材。

⑦ 直播欢迎词、感谢刷礼物、祝福语、告别语等话术素材。

⑧ 直播活动素材。

二、做好直播的内容运营

（一）什么是直播的内容运营

直播的内容运营分为定位性内容、推广性内容、营销性内容、互动性内容、策略性内容、需求探测性内容、促销性内容等，需要为不同的目标匹配不同的内容策略。

① 定位性内容的目的：帮助主播清晰自己的内容输出方向，也就是接下来要说的话、输出的信息的主要方向，或者可以理解为主播的核心内容型产品。

② 推广性内容的目的：推广自己、推广自己的直播间、激活粉丝帮主播宣传等，围绕核心定位所产生的价值性内容输出，并将其进行更多曝光与推广。

③ 营销性内容的目的：营造直播间与主播所输出内容的稀缺性，增强粉丝对主播开播的期待，对主播所售商品进行价值方法、性价比提升。

④ 互动性内容的目的：建立情感关系，快速培养认知，快速调研人群画像，调研直接需求。

⑤ 策略性内容的目的：服务于营销性内容，侧重直播现场的氛围营造，在主播缺少氛围反馈的现场，通过策略内容对直播现场进行环境氛围、主播情绪、粉丝群体情绪的提升。

⑥ 需求探测性内容的目的：完成存量需求的探测，并对真需求、伪需求进行论证，是日后品类产品拓展的调研性内容。

⑦ 促销性内容的目的：非常不建议频繁（每周超过 3 次）地进行促销性内容的使用，这会让粉丝对主播个体产生"特惠主播"的标签。一旦有更优惠的主播，就会产生用户流失，非常不利于主播的粉丝跟随性培养。但如果适当使用，仅仅针对老粉丝实行限量、超高性价比促销性内容策略，会增加粉丝的活跃度与情感联系。

以上是在直播内容运营过程中需要参与策划的内容模块，在执行过程中需要通过不断地调整与执行，来达成周期性直播主题规划、单场直播有效性策划的效果。直播的内容运营一定是围绕人、商品、粉丝需求的匹配度展开的，内容运营的驱动力就是消费行为的引导性。无论主播现在处于新晋、成长、成熟 3 个阶段的哪一个阶段，都应该意识到直播并不是单纯的开播、下播。在商业化的道路上，市场一定会要求主播越来越专业，内容越来越更匹配消费需求。只有这样，直播才可以越来越好地引导消费升级。

（二）怎样才能做好直播的内容运营

1. 找到核心用户的本质需求

主播要想脱颖而出，就必须深度挖掘核心用户的本质需求。很多时候，用户体验提升了，直播间人气自然就提高了。所以在策划直播内容时，首先要考虑它可以为用户带来哪些实际好处，是否解决了用户的实际需求和痛点。比如，你做的是美妆直播，那么你的直播内容一定要能够解决粉丝们关于护肤的相关问题。

2. 内容与带货产品匹配

产品和直播内容要有相关性，这样主播在带货的时候才不会显得突兀。主播的内容可以根据产品来联想、延伸，比如主播推荐的是一款瘦身产品，那可以讲述自己在减肥过程中遇到的困难、囧事，让大家产生感同身受的共鸣，这样带货效果一定能事半功倍。

3. 互动性和参与性要强

在策划直播内容时，一定不要忽略和观众之间的互动。任何话题的选择都应该以观众为中心，新颖且互动性较强的话题往往更容易获得用户的认可和推荐。比如你是做服装产品直播的，你的直播内容可以围绕着怎样搭配显瘦、显白等。除此之外，还可以在直播间的话题讨论中，多多选择能够引发大家讨论的话题。

4. 内容积极向上，远离敏感词汇

违反法律法规、低俗和暴力的内容，我们都应该远离。对于许多敏感词，直播平台都是有限制的，如果使用时不加注意，很有可能被平台屏蔽，严重时还会导致封号。比如"仅限今日""今日特惠""明天涨价""仅此一天""错过等一年""最后一波"等误导性表述不允许在直播中使用，因为类似用词容易误导消费者冲动消费。所以建议，大促期间若需要使用"最后××小时"、"最后 1 天"等必须确切量化的词语，需要在文案周围注明指向活动及活动周期。

【课堂小实训】

1. 假如你喜欢美食与旅游，现在准备尝试开展互联网直播，你认为直播什么样的内容有可能会使你成为"网络红人"？为什么？

2. 根据上题案例，请结合直播内容运营的原则，为你自己的直播带货撰写一套直播营销方案。请围绕以下几个方面进行描述，完成表 7-1-1。

表 7-1-1 直播营销方案

直播营销方案		
直播主题		
直播目的	从产品分析、用户分析、营销目标 3 个层面提炼	
直播产品信息		
直播前的策划与筹备	选择直播平台	
	开通直播账号	
	测试直播软硬件设备	
	制作直播预告海报	
	直播活动预热宣传	

续表

		直播营销方案	
直播中的执行与把控		直播开场设计	
		直播互动设计	
		直播收尾设计	
直播后的传播与发酵		制作直播表情包	
		剪辑直播短视频	
		构建直播社群	
直播效果总结			

任务2　粉丝运营技巧

一、直播间人群分析

直播用户群体可以分为三大类：围观群体、粉丝群体、付费群体。围观群体是流量的主要贡献者，粉丝群体是人气的主要贡献者，付费群体是收益的主要贡献者。了解用户真实的需求和消费特质，为用户群体进行人群画像分析，是主播应该具备的能力。只有做好了这两点，直播才能达到事半功倍的效果。

（一）用户需求分析

进行用户需求分析，我们就要了解用户是谁？有什么需求？在哪种场景下有需求？判断用户需求是主播应该具备的一个能力，我们要能够挖掘用户的潜意识，挖掘用户的刚需痛点，并且具备解决用户痛点的能力。

在直播间虽然隔着屏幕，但是好的主播可以洞察人性，明白用户为什么要来买自己的商品。在直播中，我们给用户所传达的需求到底是什么？正如很多家长送孩子去各种各样的才艺培训班，有的家长会告诉你送孩子参加才艺培训班是为了让孩子有属于自己的特长，但是真正促使家长做这件事的原因，或者说家长的真实需求是什么？是当别的家长都在送孩子去才艺培训班的时候，有些家长会形成无形的压力，他们担心自家孩子如果不去上才艺班就会落后。作为一个主播，真正要解决的是用户的刚需，而不是用户的焦虑，因为只有刚需才能真正地打动用户。

（二）用户的消费特质

在我们的传统消费中，消费被分为感性消费和理性消费、刚需消费和非刚需消费。很多人认为自己在直播间买东西的时候是理性的，其实不然。直播带货大部分是唤醒消费者的非刚需需求，从而达成交易。比如某直播间带货的休闲零食不可能成为我们的刚需，我们选择下单是想要"复制"该主播的那种生活状态。这就是典型的非刚需所带来的感性消费，所以改进需求也就是改变用户消费的心理特征。

（三）心理特征

主播在开播之前要清楚地知道自己的心理特征是娱乐心理、学习心理还是社交心理，这3种心理决定了用户为什么来到我们的直播间，影响直播的完播率。所以，在直播中主播要能够把自己的心理特征传达给用户。

【案例7-1】

直播的几大类别及受众群体

当今的直播平台或应用主要分为娱乐、游戏和电商购物三大类别，我们将通过对每个类别的典型代表的全面解读，呈现直播的多样化前景。通过比较来看，购物类直播将是最容易火起来的直播类型。

1. 娱乐类直播

娱乐类直播是当前市场上用户数量最大的一个类别，该类型直播的用户最多，年龄层最广。这是因为明星、剧组、网红的入驻，保证了平台的粉丝基数。粉丝与偶像零距离接触，是直播App相对于传统媒体平台的最大优势。

粉丝特点：年龄层分布广，年轻用户活跃度高，一、二线城市具有消费能力的用户占主流。

2. 游戏类直播

游戏类直播其实是发展最早的直播类型，很多互联网巨头早早就将目标瞄准了电子竞技游戏直播领域，平台通过知名游戏主播对游戏的直播讲解来吸引粉丝。

粉丝特点：以年轻男性粉丝为主。

3. 购物类直播

购物类直播，或者称消费类直播，其实类似于早先的电视购物，以网红主播展示商品的功能和讲解为吸睛点，激发用户的消费欲望，从而达到将商品出售的目的。购物类直播的模式比起文字或视频更加直观，与用户的互动性也更强。该类型直播变现最快且方式最直接。

粉丝特点：具有一定消费水平的女性居多，而平台聚集大量明星网红以及品牌入驻，也是吸引这些粉丝的最主要方式。

二、直播观看人数、在线人数与停留时长

（一）如何提升直播观看人数

1. 直播带货的选品

例如某直播间中观看直播的人非常多，涵盖各个阶层、各个年龄段，而且该直播间的产品品类非常丰富，基本涵盖了所有领域。不仅如此，同样的产品，这个直播间的价格又是全网较低的，那么，消费者自然乐意买单。

2. 直播封面和标题

直播封面是吸引眼球和传达信息的一大利器，相同的一段文字，不加图片和加了图片的文字对比，后者会更容易吸引眼球，并且能在更短的时间内传达更丰富的信息。醒目的封面设置，是吸引粉丝们观看直播的先决因素，和直播间流量息息相关。同等直播间排名条件下，直播封面越吸引人，观看直播的人数越多，获取的流量就越大，下单的转换率也会越高。在设置直播间封面和标题时可以使用主播个人写真、道具，也可以使用主播和直播间的产品合影，利用夸张的肢体语言等，吸引用户关注。同时也要设置一个好的标题，尽量体现所要直播的相关内容，如美妆产品、5 分钟搞定生活妆等。

直播封面主要可以分为以下 3 大类。

第一大类：服装潮牌类的封面一定要重点展示主播或代言人的服装搭配美感，以服装搭配及靓丽外形来吸引粉丝或潜在客户的点击，要通过发型、服装、姿势等一系列的配合，给人一种惊艳、清新、仙女般的贴近产品调性并眼前一亮的感觉，让人有极强欲望进入直播间，如图 7-2-1 所示。

第二大类：护肤美妆类的封面可以通过化妆师重点对主播妆容上的打造，围绕眼睛、眉线、嘴唇、发型等核心要素的搭配，突出产品的调性和核心卖点，让人一看到图就有十分心动的感觉，如图 7-2-2 所示。

图 7-2-1 服装潮牌类的封面　　图 7-2-2 护肤美妆类的封面

第三大类：零食小吃类，这是当下许多大流量直播间带货的品类之一。民以食为天，零食小吃类的封面可以通过场景与食品的搭配，勾起人们的食欲，从而使他们点击图片进入直播间，如图 7-2-3 所示。

3. 利用社交软件分享直播预告

直播间平时要尽量多多参与官方活动，增加曝光率。保证账号视频或者直播的更新频率，增加活跃度，让用户知道你一直都在。也可以借助官方助推流量和海淘流量，增加直播在线人数。直播前，主播可以在朋友圈、微信群或者 QQ 群进行提

图 7-2-3 零食小吃类的封面

前宣传，分享直播预告，也可以发动自己的朋友观看直播，帮自己提升人气。最常用的且效果比较明显的方法，就是借助性价比较高的平台，通过流量补补或者海淘流量提升直播观看在线人数，直播时引导粉丝将直播间链接分享到各自的朋友圈或社交群，让更多的人关注直播间。

4. 用户进入直播间后，要想办法留住他们

直播内容非常重要。现在靠颜值和尬聊的直播内容就可以受到观众喜爱的时期已经过去了，主播要尽量结合当下，有针对性地去设计一些优质的直播内容。平时要多看那些成功主播的直播，吸取经验，多积累可利用的直播话题，长此以往用户就会主动参与进来，直播人气自然会得到提升。除了做好直播内容，主播还可以在用户观看直播的同时，给他们发福利，如利用抽奖互动、直播间秒杀、赠送优惠券等方法来吸取人气，增加用户和直播间的黏性，让用户能在直播间停留更长的时间，这样可以有效提升用户二次购买概率。

【案例 7-2】

提升拼多多直播观看人数的秘诀

1. 选择潜力大的商品

如果消费者对商品自然就能产生深厚的兴趣，那么直播推广自然就能做出爆款、引起热度。若是选择的商品不受欢迎，需要的人不多，那么进入直播间的人就少，自然购买量也会少。

2. 有固定的直播时间和场次

如果想要吸引更多粉丝，不仅要固定开直播的场次，更要选择一个好的时间点，这样才能让被直播吸引的用户定时观看。目前拼多多直播还不支持产品回放，所以直播时间点的选取就非常重要。

3. 要有吸引人的封面和标题

直播前要先进行预热，那么封面和标题就尤为重要。封面一般应选择主播和商品的合拍图，标题要简洁明了，突出直播的亮点，以吸引粉丝前来观看。

4. 分享推广

借助微博、QQ 等社交软件进行分享，通过传播让更多的人能够进入直播间。也可以进行提前预告或者开播后提醒用户观看，来引导用户进入直播间，还可以用一些引流工具来提升曝光率和点击量。

（二）如何提升直播间用户停留时长

1. 主播的专业性

淘宝直播的玩法已经转移至内容营销。直播间不再是单纯的售卖产品、分享知识的场所，用户更加看重主播的阅历、经验、专业度，主播的语言组织能力和段子发送能力。如果主播

对于产品的专业解说,能让粉丝了解到不一样的商品延伸知识,那他的个人魅力就能在直播中更好地吸引用户长时间停留。

2. 直播间优惠

直播间可以设置一些优惠任务,如果粉丝能够完成任务,就可以获得相应的奖励和优惠。比如粉丝成为木粉、铁粉、钻粉,可以相应地获得一些奖励,以提高用户的互动和停留时间,但奖励和优惠要注意设置梯次和范围,最好能设置一个或几个比较大的优惠活动,在直播的过程中不断强调。

3. 商品展示更新

直播间的商品不要一成不变,要设置更新周期,这样可以不断吸引粉丝的关注。在直播的过程中,要合理地安排产品展示时间,不要长时间停留在一个产品或一个界面,如果有粉丝在直播间提出展示诉求,可以说出粉丝的名字,让粉丝等待,让粉丝觉得有存在感。同时展示商品的时候,可以说出这是某某粉丝希望展示的,或者说有粉丝在前几次直播后提出展示需求,所以这次直播特意进行此商品的解说。

三、粉丝获取与留存技巧

(一)精准吸粉技巧

1. 做好人群分析

通过分析产品的访客,可以确定该产品的人群标签,从而更精准地了解到该产品的人群喜好。主播在直播带货的过程中会遇到 3 种类型的粉丝。第一类粉丝有明确的购物需求,他们知道自己想要购买哪些产品;第二类粉丝有大概的购物需求,但不明确自己具体应该购买哪些产品;第三类粉丝没有具体的购物需求,需要主播加以引导,为其创造购物需求来促成交易。对于这 3 种不同类型的粉丝,主播在推销产品时使用的推销方法也不相同。

(1)有明确的购物需求

对于有明确购物需求的粉丝,主播应该考虑如何留住他们。第一,通过提供周到的服务、可靠的质量、优惠的价格等,让粉丝了解产品的性价比,来提升粉丝的购物体验。比如,主播在介绍产品时要强调产品的优势,同时帮助粉丝货比三家,强调自家产品和其他同类产品相比所拥有的价格优势、功能优势等。第二,对产品有明确需求的粉丝是主播应该重点关注的目标消费者,让其成为店铺的会员是留存这部分粉丝的重要手段。主播可以在直播中强调成为店铺会员的条件和会员能够享受的各种优惠。另外,主播需要建立完善的会员体系,明确会员的等级和福利。会员等级越高的粉丝,享受的福利也越多。完善的会员体系能够激发粉丝的购物热情,使其成为店铺的忠实粉丝。第三,主播在直播时应该多与粉丝交流互动,了解粉丝的偏好,做好售后服务。有的主播只追求销售产品,在产品推销出去后对粉丝就没有之前那么热情了,这样很难留住粉丝。

（2）有购物需求，但需求不明确

对于有购物需求但不明确的粉丝，主播要做的就是将这类粉丝的需求具体化，可以通过营造场景帮助粉丝明确购物需求。例如，当粉丝想为小孩购买一些零食却不知道哪些零食适合儿童吃时，主播可以为粉丝营造一个生活场景。如果主播推销的产品中包含奶酪棒，那么就可以这样营造场景："夏天周末或者暑假，我们的小孩在家上网课中途下课休息时，是不是会打开冰箱找个好吃的东西消消暑或解解馋，奶酪棒是不错的选择，味道鲜美，又能守护健康！"营造场景的方法适用于各种产品的推销。对于有购物需求但不明确的粉丝，主播需要给他们提供明确的需求建议，粉丝也会将主播的建议作为重要的参考内容，以明确自己的购物需求。

（3）没有购物需求

当粉丝对产品没有购物需求时，主播可以从产品本身及粉丝的购物心理出发，为粉丝创造购物需求。例如，一些粉丝追求经济实惠，看重产品的价格，打折销售的产品和直播中的优惠活动能够吸引他们的目光。在直播过程中，主播需要详细说明直播间优惠活动的细则，如哪些产品有折扣、满减活动的规则等。还有一些粉丝追求大众认同以及社会归属感，他们希望跟随大众的脚步，追求大众所追求的产品。对于这些粉丝，主播就要强调自己推销的是爆款产品，销量远超同类。这种推销对于这类粉丝具有很大的吸引力，他们会积极地购买这些产品。

2. 打造清晰的人设

主播的人设就是主播对自己的人物形象定位，人设定位包括形象、个人属性，这两点都是非常关键的。那么，主播应该如何打造最适合自己的人设呢？首先，主播要寻找自身的辨识度。在打造人设时，主播要对自己有一个清楚的定位："我是谁？我的客户是谁？我的工作是什么？我能给客户什么？我凭什么让别人喜欢？"在思考这些问题时，主播要发掘自己有辨识度的几个方面，然后做出进一步分析。外表、性格、特长等都可以成为主播的特点，成为主播打造人设的出发点。其次，主播要对自己的特点进行大胆挖掘、重复深化。主播需要投入大量的时间去挖掘自己的特点，对自己的每一个特点都要进行大胆的尝试，最终选出最让人印象深刻的特点。当确定这个特点后，主播还需要不断深化，通过重复展示使其形成记忆点和个人标签，让粉丝深刻地了解自己的这个标签。再次，在结合自身特点确立人设的同时，主播还要充分考虑粉丝的需求，不能选择偏离粉丝喜好的人设。如果主播无法选定自己最突出的人设，那么不妨根据粉丝的需求确定人设。最后，主播要长期坚持自己的人设。主播一旦确立了人设，就不能随意更改，长久地输出同一个人设才能在粉丝心中留下深刻的印象。为了长期坚持人设，主播在进行每一次直播内容的规划时，都要考虑直播内容是否与自己的人设相符。持续产出与人设一致的直播内容，可以一步步强化粉丝对主播的印象，使主播与粉丝之间的关系更加牢固。

3. 准备直播话题

比如：你的账号人设是宝妈，那你可以准备一些关于婴儿产品挑选的技巧、分享照顾婴儿的方法等；或者你卖的是什么产品，就根据这些产品设计和展开话题。在长达几个小时的直播里，如果主播一直围绕产品展开长篇大论，难免会让粉丝感到疲惫。因此，主播要通过与粉丝互动增强粉丝的参与感，要制造话题让粉丝展开讨论，引导粉丝参与互动。在开展直播之前，主播应为直播准备三四个话题。在准备话题时要避免一些较敏感的话题，如果话题引发了粉丝的争吵，反而会得不偿失。主播可以选择一些轻松但有讨论点的话题，这样可以在愉悦的氛围中把直播间的热度调动起来，也能够让粉丝更加积极地参与到话题的互动中。在推销产品的过程中，主播可以抛出一个与产品有关的话题，引发粉丝讨论。比如，主播在推销服饰时，可以通过一些热播剧中男女主角的穿衣打扮，引导粉丝开展讨论。能够给粉丝留下深刻印象的主播，往往是善于制造话题的主播。主播在与粉丝进行话题讨论时，也能够使粉丝看到自己对某些事件的独特见解。双方可以在讨论中加深了解，拉近彼此的距离，主播也能够因此建立与粉丝的信任关系。但如果粉丝的情绪过于高昂，或话题讨论的时间过长，对于接下来的直播是不利的。因此主播要把控好话题讨论的内容和时间，与粉丝积极互动，这样才能使直播间的氛围更加活跃，粉丝也会更愿意参与到直播互动中。

4. 直播间的打造

直播前，关于直播主题、时间、地点、产品和优惠条件等信息都必须明确下来。直播时，主播要充分展示产品，突出产品卖点，并提醒粉丝关注加购；还要多分享一些试用体验、优惠活动信息等。比如女装直播，可以在直播间换装；如果是美食直播，则可以在直播间里试吃。直播间打造分为基础硬件与直播环境两大模块，如图7-2-4所示。基础硬件需要注意直播时的场地、背景与设备；直播环境需要保持光感清晰、环境敞亮与可视物品整洁。

（1）基础硬件

● 场地

直播间无须占用很大的空间，团队直播时场地应选择一个小房间，个人直播时场地选择房间中的某个角落即可，个人主播场地标准为 $8\sim15m^2$。下面两个小技巧，可让小直播间在视觉上看起来更大。

技巧1：主播站在对角线上

主播站在对角线上可以使画面得到很好的纵深效果与立体效果。画面中的线条还可以吸引人的视线，让画面看起来更加动感有活力，达到突出主体的效果。

技巧2：主播背后多放物品

在主播的背后多摆放一些物品，如沙发、衣架、模特等，整个直播画面就会被切割成前、中、后三部分，可"拉长"直播间的视觉长度。

团队直播场地标准为 $20\sim40m^2$，可选择家中的一个房间或自己的线下门店。$20\sim40m^2$ 的直播间就不必利用对角线站位和摆放多排物品的方式增加空间感，直接直播即可。

```
品牌自有直播间 ─┬─ 基础硬件 ─┬─ 场地
                │              ├─ 背景
                │              └─ 设备
                └─ 直播环境 ─┬─ 光线清晰
                              ├─ 环境敞亮
                              └─ 可视物品整洁
```

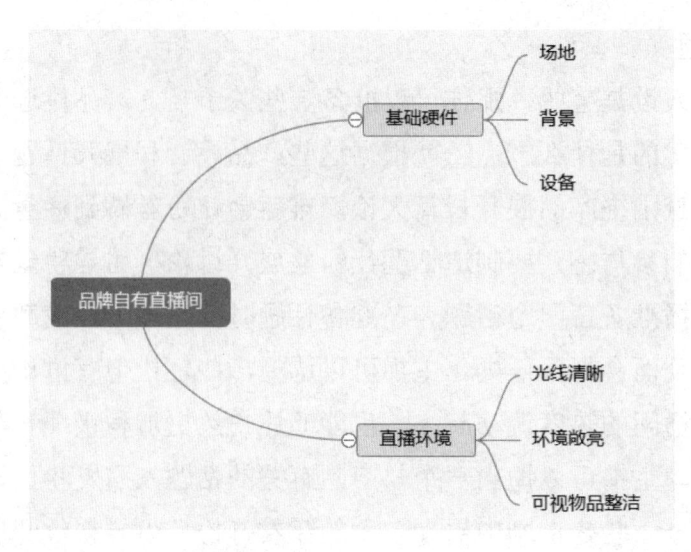

图 7-2-4　直播间打造

- 背景

除了直播间大小,背景也同样重要。直播间建议以浅色(纯色)背景墙为主,以简洁、大方、明亮为基础色调,不能花哨,杂乱的背景容易让人反感。常用的背景墙颜色有白色、锡白色、鹅黄色、淡粉色、果绿色、粉绿色、淡蓝色、淡紫色等。注意如果直播间背景墙选择白色,有一定概率会出现曝光。如果已经选择了白色背景,就需要通过打光来弥补。对于直播新手,推荐使用灰色或者浅灰色背景。灰色背景搭配彩色主角的效果,可更加凸显直播画面中的人物。

- 设备

刚开始直播的小伙伴,只需要手机、支架和补光灯即可。直播卖货最基础的设备就是一台高像素的智能手机,手机的配置会直接影响直播的画质。手机推荐:iPhone XR、iPhone 11 及以上系列,或者 OPPO、华为、小米等国产手机的旗舰机型。支架与补光灯可以直接购买一体设计的环形补光灯,市场价 200~500 元。

(2)直播环境

直播间的环境要求是光线清晰、环境敞亮、可视物品整洁。

① 衣架/衣柜可以放,但是不能摆放得乱七八糟,如果做不到整齐,就不要让这些物品出现在镜头里面。

② 可以加入模特,但小直播间的模特数量一般不要超过 2 个,大直播间视空间大小而定。

③ 建议用小黑板,标明直播期间的重要信息(是否包邮、模特身材、服装尺寸等)。

④ 直播间可以适当有一些背景音乐和小灯串,但音乐声音不能太大,灯光不要太亮,不要分散用户对直播间的注意力。

打造直播间是一件漫长且烦琐的事情,主播要慢慢摸索,找到适合自己的直播间风格,以期打造出独一无二的直播间。

(二)直播间留存技巧

留存率是指留在直播间的人数与进入直播间的人数的占比。例如,有 100 个人进入直播间,有 30 个人留下,那么留存率就是 30%。通常我们通过以下 3 种方式提升留存率。

1. 黄金 3 秒

如"飘过直播间的朋友,想听的扣 5 个 8",当用户刚进入直播间时,如果如到这样一个问题,就有可能因好奇而继续看下去,从而留在直播间。这其实就是直播间的"黄金 3 秒"法则,即在 3 秒的时间内抛出一个吸引人的话题,留住用户。

2. 提升直播间流量要素

(1) 直播间"人"的打造

"人"的打造需从主播的人设、态度、专业度、互动能力进行考量。在进行直播的时候,遇到粉丝咨询产品的质量或者价格时,主播看到后需要及时给予反馈回答;或可以让工作人员帮忙截屏,然后对粉丝的问题逐一给予答复,这样会让粉丝们觉得自己很重要,进而继续关注你的直播,否则很容易脱粉。

主播必须保持十足的热情、自信和专业度,才能慢慢积累人气,如说话声音大一些,常面带微笑不要面无表情,介绍品牌产品时不要出现停顿忘词现象。电商直播最终是粉丝经济,别人不喜欢你,怎么可能信任你推荐的商品?

多与粉丝互动。比如在直播中一共推荐了两款产品,可以让粉丝投票,问他们觉得哪一款产品更好看。只推荐一款产品的时候,可以问粉丝产品好不好看?如果觉得好看可以扣 1。但是在提问时最好避免开放式的问题,这样会对粉丝观看直播有一定的影响。

(2) 直播间"货"的打造

"货"的打造需要从产品介绍到产品优惠机制进行考量。在介绍一款产品时,主播除了展示产品卖点,还需结合品牌受众人群特质,在直播中多针对产品分享专业的知识,让用户实现好物、知识双丰收的效果。同时要配合直播时间做各种让利活动,按单品做划分,如今日爆款、组合推荐、高端推荐等,必须让用户感觉到划算、优惠(限时优惠、抢购、备注再赠送、专属款等手段),要让用户快速决策。

(3) 直播间"场"的打造

"场"的打造包括从直播间场景、节奏把控到抽奖互动。通过口播、小喇叭公告、悬浮图贴片公告、小黑板等多种组合方式说明抽奖规则和参与方式。如到了抽奖时间,主播可以提醒用户刷指定评论/弹幕,弹幕要设置得有趣、有目的,如"关注主播不迷路"、"海尔热水器十年保修"等,来活跃直播间气氛,借机发起后台抽奖界面。另外也可在抽奖之前,提醒用户关注店铺、品牌可增加中奖概率,抽完后立刻公布名单并及时告知下一波抽奖时间。同时,主播要注意直播间节奏把控,严格按照直播的内容流程把控直播节奏,实现张弛有度的直播效果,避免用户观看疲劳。

3. 直播间互动

无论在直播中还是在直播后,互动都非常重要。主播在直播间和大家互动,主要是为了增加停留时长,从而提高成单率。互动的方法有很多,如发起有意思的话题、抽奖、针对已有粉丝定期举办一些活动等，久而久之就会形成自己的特色，为品牌推广赋能。直播结束后的互动决定了对方会不会成为你的忠实粉丝。因此，把用户圈到自己的异域流量池之后，可以多和粉丝分享一些有趣的日常内容或者下一期的直播福利等。

① 不要枯燥地跟粉丝打招呼。

② 做好表情管理，没人愿意看面无表情的主播，适当表达情绪，会让直播间更加活跃。

③ 开播前请先准备好当日的直播主题，围绕主题进行叙述。

④ 制定好直播时间表，不要随意更改直播时间，在固定的直播时间去直播，会让你的粉丝也养成习惯。

四、粉丝社群构建与运营技巧

直播的背后是社群运营文化的发展。主播依靠个人魅力聚合粉丝，形成社交群体网络，这样才能让直播事业体系化，并实现最大程度的变现。在社群内发布直播信息、与粉丝互动、精准投放产品……可以说，有社群不一定能成为顶级网红，但没有社群，一定不会成为顶级网红。那么，我们该如何进行社群构建与运营呢？

（一）在直播间公布自己的社群号

在直播过程中，主播要告诉粉丝："我的亲友群已经开通，大家可以加入哟！每天的直播信息都会在群里公布，我也会在群里和大家互动，我相信大家一定会聊得更开心！想进群的朋友可以联系直播小助手，欢迎大家！"每次直播过程中口播3～5次，很快就会形成一个社群。

（二）持续不断地输出内容

做优质内容，主要是指给用户持续性地提供有价值的内容。当用户走出直播间，进入你的社群或朋友圈时，他们不希望在私人空间里有人在一直刷屏卖东西，这和加了一个刷屏的微商没有什么区别。因此，我们可以换一种思路，用优质内容分享代替刷屏推销。每天，主播都要在社群内输出有针对性的内容。美妆类主播可以分享关于化妆、穿衣打扮方面的内容，并与粉丝进行互动交流，解答粉丝的提问；亲子类主播可以分享关于家庭教育方面的内容。比如直播间主营的产品是一款婴幼儿奶粉，那么定向用户多是新手爸妈，主播可以和用户分享一些奶粉挑选经验和其他相关的知识科普，久而久之，用户会形成观看习惯，还会在一定程度上增加对你的信任感。除了做好内容，还要学会对用户进行分类，根据购买习惯和特征给粉丝打标签。对不同标签的人群分发适合他们的内容，学会用户分层运营。一定要注意，分享的内容要与个人定位相符。如果自己是育儿主播，每天却只分享心灵鸡汤，自然不能激发粉丝的热情，久而久之，整个社群的活跃度就会彻底归零。

（三）定期举办活动

社群运营活动包括线上活动与线下活动，这是活跃社群最有效的手段。线上活动，包括手绘主播赢奖品、众筹专属产品、粉丝K歌大赛、为某粉丝募捐等，只要能够让粉丝参与其中，并且能够获得各种福利，粉丝的热情就会非常高。一个社群要想延长生命周期，打通线上和线下是必不可少的。社群的线下发展不但能够扩散社群的知名度，提升社群的影响力，还能验证社群核心理念，打造特色品牌，深度拓展用户，增强用户黏性。社群成员从线上到线下的互动连接可以完成二次扩散，辐射到更多的人群、资源，并将其转化到线上，持续将社群的辐射范围从网络到现实生活循环扩展，形成良好的闭环。不少社群除了用心运营线上社群，同时也着力组织线下活动，并取得了不错的效果。主播在组织线下活动时，要首先调动铁杆粉丝的积极性，这样才能够把社群里的粉丝凝聚起来。其次，活动也要能够激发粉丝之间的互动，粉丝之间因为对于彼此的真实姓名、样貌以及现实生活中的脾气性格完全不了解，所以主播需要根据粉丝的兴趣爱好设计一些小活动、小游戏，让粉丝之间尽快熟悉起来。最后，线下活动要为粉丝创造价值，举办线下活动时，主播要关心粉丝，倾听粉丝的声音，挖掘粉丝的痛点与需求，为他们创造价值。另外，主播需要在线下活动中发放礼品或优惠券，让粉丝得到实实在在的福利，通过线下活动拉近自己与粉丝、粉丝与粉丝之间的距离，提高粉丝的黏性与归属感。

（四）创造社群荣誉体系

创造属于社群的荣誉体系，例如，对于那些发言积极的粉丝，可以颁发"最佳活跃"头衔；对于积极维护社群秩序的粉丝，可以颁发"最佳组织"头衔。如果各种类型的粉丝都能在社群内找到自己最舒服的位置，同时还可以获得精神与物质奖励，他们参与社群互动的热情就会更高。

（五）制定社群运营规则

一定要制定社群运营规则，明确哪些内容不能发，哪些话题不可以讨论。尤其对于广告必须明确限制，一旦一个人发广告，就会导致数十个人发广告刷屏。社群管理员必须对发广告的人禁言或将其移出社群，避免社群沦为广告群。

社群的运营，单靠主播一个人是无法实现的。粉丝维护、话题引导、动态播报、活动举办、素材整理……社群已经是一种文化，而不是简单的方法论。当我们开始进行社群构建时，就意味着需要组建一支专业的社群运营团队，每个人负责不同的领域，对社群进行维护。

（六）如何确定社群已经成熟

判断社群是否已经适合扩大规模、进行裂变的关键因素，就是分析构成社群的 5 大要素是否已经成熟。

1. 同好

主播建立的社群中都是对主播销售的产品感兴趣的粉丝，粉丝之间也有着相似的兴趣爱好，这些粉丝会因此形成同好。当粉丝之间的同好足够稳定时，就说明社群在这一方面已经成熟。

2. 结构

社群由以下几部分组成：社群成员、交流平台、加入原则、管理规范。如果主播没有对这 4 个方面进行合理规划，那么就会影响社群的发展。社群中必须有一个或几个可以引导社群价值观的 KOL，他们可以吸引大批粉丝加入社群。而随着粉丝数量的不断增多，社群的入群门槛和社群规则也应逐渐完善，否则就不能保证社群的粉丝质量和社群的正常运营。

3．输出

主播可以在社群中发放产品的优惠券、分享关于产品的干货知识等。但主播个人的输出能力是十分有限的，而社群中的铁杆粉丝对产品同样有很深入的了解，他们也愿意分享自己的小技巧或使用体验，这些粉丝是社群内容输出的主力军，主播要调动他们在社群中输出的积极性。社群有了优质且持续的内容输出，才能够走向成熟。

4．运营

成熟的运营模式是社群裂变的关键因素。主播可以从粉丝的活跃度、凝聚力、粉丝黏性等方面分析社群的运营模式是否成熟。

5．复制

可复制是实现社群裂变的前提。主播可以从社群的管理规则、运营模式、内容输出等方面判断社群是否能够实现复制。一般情况下，社群规模越大，效益就会越好，这也是主播想要扩大社群规模的主要原因。不过，并不是所有的社群都适合扩大规模。如果主播为了获得更多利益而盲目地扩大社群规模，不仅无法起到好的作用，还会影响社群的正常发展。

所以，在扩大社群规模之前，主播一定要分析构成社群的5大要素是否已经成熟。成熟的社群才可以实现裂变，让社群产生更好的效益并获得长远的发展。

任务3　主播的自我管理和直播技巧

一、机构视角如何打造主播

（一）对主播进行分类管理

不同类型的直播平台，对于主播的要求是不同的。对电商直播而言，主播的颜值是基础，口才是关键，才艺是锦上添花。MCN机构一般会根据自身的业务需求，采取适宜的分类方法对主播进行分类管理。如按照场均人数可以分为头部主播、腰部主播、小主播和新晋主播；按照主播的身份来源可以分为主持人、模特、KOL、艺人等；按照主播的内容属性可以分为服装搭配师、美妆师、美食家、户外主播等；按照主播收益来源可以分为店铺型主播、导购型主播、线下场景主播等。

（二）形成系统化的管理制度

在合约签署方面，主播可以选择全职类的底薪约和自由约。前者是公司给予底薪加提成的模式，后者是遵循公司基本的规章制度和基本指标，无底薪高提成。公司应建立起奖优罚劣的制度，对违规主播进行处罚，对优质和勤奋的主播进行奖励。

（三）配备高效的经纪人

专业的电商和MCN机构，都会为旗下的主播配备一名主播经纪人或者类似的角色，而主播经纪人的工作则由部门总监直接领导和管理。主播经纪人负责主播的日常工作管理，并且对外进行业务推广与销售，与主要电商平台、供应商以及选秀节目等保持联系，帮助主播拓展推广渠道。在日常生活中，他们还会负责计划和安排主播的工作事项，包括主播的日常排练、创作、演出、拍摄、采访等相关事务。

二、主播的形象塑造

这里所说的形象，不仅是长相、发型、服装等，而且包含了专业技能、自身修养、知识水平等各个方面，它体现着主播的综合水平。

对于主播而言，自身的形象是极为重要的，因为主播要面对的不是一两个人，而是直播间内的众多观众。许多新人主播常犯的错误就是根据个人的喜好随意去说去做，不懂得维护好自己的形象，要知道一个良好的形象，是获得观众好感的重要因素。

（一）面部化妆

对于主播来说，有条件的最好还是化一下妆，即便是简简单单的妆容也比素面朝天的效果要好。观众都是在直播间的画面里看到主播的，摄像头打开之后，呈现出来的画面是磨皮+美颜+滤镜之后的效果，不化妆的话，很难看出效果。另外，在镜头的拍摄下，主播面部的缺陷会被放大，而化妆能够很好地弥补这一点，为主播的外形加分。

（二）服装搭配

干净整洁的外表能让主播在粉丝面前展现自己的良好状态，让粉丝感觉到主播对直播的重视。主播可以根据每次直播的不同主题改变自己的穿搭风格。比如，一位推销美妆产品的主播，可以用本次直播将要推销的美妆产品为自己化不同风格的妆容，还可以根据自己的妆容搭配不同风格的衣服。这不仅让粉丝看到了主播的用心，还能让他们感受到主播对自己的尊重，因此粉丝在观看直播时也会更加热情。

（三）行为举止

主播在直播过程中要时刻注意自己的行为举止，在介绍产品时不要有多余的小动作，在试吃食品时也要尽量保持动作雅观，更不要在直播间对粉丝做出无礼的举动。主播的行为举止能够体现个人素质，主播的个人素质越高，越能够获得粉丝的好感。

（四）建立主播信任感

1. 控制好语速、语气

有的人说话速度很快，结果说了一大堆，观众还是不知所云，只听到一股脑儿地介绍产品。所以主播应该放慢语速，让语速和语气反映你的真情实感，并将观众当成你多年的朋友，用和老朋友说话的语气、神态去对待。让观众感受到主播的诚恳，从而不由自主地"相信你，买它"。

2. 简单、自信、大方

简洁自信的妆容，让人不由自主地想要接近。认真做自己，从心出发，当你信任自己和所销售的产品时，当你确认那是好的产品，并对客户有价值的时候，你可能就不需要考虑如何被人信任了，因为你真的是值得被信任的。

3. 持续创造有价值的内容

（1）优化展示方式

主播不能只是冷冰冰地进行产品展示，比如某些主播会通过手写计算的方式告诉粉丝产品便宜在哪儿，优惠的力度到底有多大。

（2）保证优质的产品质量

很多新手主播在选品时可能不会考虑太多，就是随意找，对于产品质量有没有问题、是不是"三无产品"都一无所知。

（3）保证优质的服务

主播的核心竞争力，其实是选品和品控的能力。在保证产品质量过硬的前提下，还需提供优质的服务，这样才能带给观众良好的购买体验，从而提高他们的忠诚度和依赖性。

【做一做】

如何用虚拟形象做直播

第一步：看配置、测网速

直播对电脑配置要求较高，想要完成稳定且高质量的直播并且能够流畅地玩大型游戏，高配置的电脑必不可少。也可根据实际直播内容及直播质量需求，选择合适的电脑配置。

除此之外，直播对上行速率要求较高，可用测网速网站进行测速，如上行的网络带宽为100Mbps，那么最大上传速度就是12.5Mb/s。这里建议选择2Mbps以上的上行带宽。

第二步：下载、安装直播PC端

打开虎牙PC客户端，选择游戏直播/娱乐直播/手游开播/自定义场景等任一类型进行开播，点击直播间左侧的【虚拟形象】项，如图7-3-1和图7-3-2所示。

图7-3-1　选择直播类型　　　　图7-3-2　点击"虚拟形象"

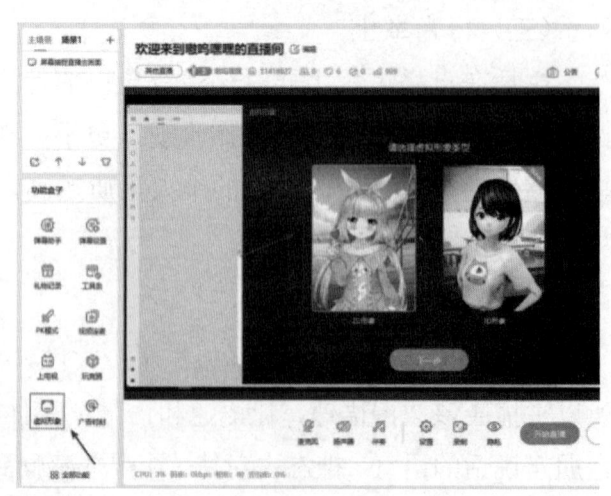

第三步：加载虚拟形象功能

在开播窗口功能盒子板块找到虚拟形象，加载成功后可以选择 2D 或 3D 形象，即可进入虚拟形象创作界面，如图 7-3-3 和图 7-3-4 所示。

图 7-3-3　2D 虚拟形象的使用界面 　　　　图 7-3-4　3D 虚拟形象的使用界面

第四步：捕捉摄像头、3D 虚拟形象个性化定制

进入虚拟形象界面后，把脸对准摄像头等待软件识别并捕捉脸部表情动作。

识别完成后就可以进行个性化定制专属 3D 虚拟形象，可以对脸型、头发、眉毛、眼睛、瞳孔、耳朵、鼻子、嘴巴等部位进行修改，修改满意后点击完成即可使用。可以保存多个虚拟形象用于不同直播场景的需要，如图 7-3-5 所示。

图 7-3-5　设置虚拟形象

第五步：调整图层大小和位置

回到开播界面，调整虚拟形象至大小、位置合适，即可点击开始直播。至此，使用虚拟形象做直播的设置就完成了。

三、主播专业能力修炼

（一）用专业知识征服粉丝

无论主播推销什么种类的产品，都要对产品有足够的了解，展示自己的专业性，以获得粉丝的认同。主播用自身的专业知识征服粉丝，就能更好地与粉丝建立信任关系。

以家装产品为例，大部分粉丝对家装行业并没有过多了解，自然缺乏与家装相关的专业知识。所以在销售家具的过程中，主播要了解家具的材质、款式、适应的装修风格等，同时还要对家装设计、家具的保养等知识有一定了解,以便在粉丝提出疑问时给出合理的回答。

即使只推销一款普通的零食,主播也可以在推销过程中向粉丝展现自己的专业性。许多粉丝在购买零食时不仅看中零食的口味,也会在意吃多了零食是否会对健康有影响,部分女性粉丝还担心吃零食会使人发胖。所以,主播在推销零食时,可以多强调零食中富含的对人体有益的成分。对于担心吃多了零食会发胖的粉丝,还可以教她们一些制作低卡沙拉的小技巧等。

(二)能够把握粉丝需求

粉丝观看直播并不只是为了购物,他们同样也有娱乐需求。优质、性价比高的产品是主播吸引粉丝的最重要因素,而在直播内容中增加娱乐性,只是提高粉丝黏性和产品销量的辅助手段。主播要想把握粉丝的需求,就一定要学会倾听粉丝的声音。主播倾听粉丝需求的最基础途径,就是关注直播间的评论和弹幕,要时常关注粉丝群的讨论或留言。还可以通过开展话题活动的形式,有针对性地了解粉丝的需求,这样才能及时、准确地优化自己的直播内容。

(三)善于打造产品卖点

了解粉丝的需求后,主播就能够根据粉丝的需求明确粉丝的痛点。如果主播推销的产品能够解决粉丝的痛点,那么产品的这个特点自然会成为产品的卖点。主播抓住产品的这个卖点,自然能够激发粉丝的购买热情,提高产品的销量。比如主播在向粉丝推荐一款无线耳机时,可以通过放大粉丝的痛点强化产品的卖点。对于粉丝而言,使用无线耳机最大的痛点就是如果丢失了其中一只耳机,那么另一只也就不能用了。因此,主播在推荐这款无线耳机时着重强调了这款耳机独有的警报功能,即当两只耳机的距离超过3米时,该耳机就会发出智能提示,这在很大程度上能够避免耳机丢失的问题。

四、主播控场技巧与策略

要想提升直播间人气和权重,打造一个高人气、高转化的直播间,我们必须知道如何在直播间控场,把人留住。

(一)调动刷弹幕,打造有仪式感的直播间

直播前,主播可以在直播流程中多设置几轮福利或者抽奖,然后在合适的时候调动用户刷弹幕。例如,在介绍某一款产品的间隙问观众:"这款产品说完,我们就来一轮抽奖,想要的朋友打666,让我看到你们的热情。"其他用户看到公屏上刷666也会不由自主地跟着刷。新用户进入直播间时,看到这种带节奏的互动,也会下意识地在直播间停留。简而言之,有仪式感的直播,就是通过某些方法让直播间整个群体活跃起来,直播间氛围的好坏直接影响粉丝的观看情绪,也会影响主播的带货效果。优质的直播间粉丝互动气氛浓厚,在直播间停留时间长,留存率高,同时直播间的人气也会越来越高。

(二)控制好评论,维持直播间秩序

有人喜欢你的直播,也一定会有人不喜欢你的直播。主播可能会遇到在高人气直播间打

商业广告或辱骂主播、粉丝等影响直播间氛围的事情。面对这种情况时就需要做好控评。直播间有设置屏蔽词的功能，打开屏蔽词功能，输入你想要屏蔽的关键词，以此来消除一些不良反馈，避免弹幕留言被带跑偏，打乱直播节奏。

（三）通过昵称，让粉丝有归属感

如果能让粉丝有归属感，就能提升粉丝黏性，让他们长期关注你的直播间，并帮助你在直播间带节奏、控场。很多主播会给自己的粉丝团取名字，如"我们的刮刮团"之类，通过这种方式让粉丝对这种称号产生归属感，建立与主播的长期联系。

（四）化解尴尬，避免直播间冷场

直播时，有些观众问的问题可能刚好主播不知道，话题接不下去。这时，可以把话题反抛给他们，让他们自己主动打开话匣子。比如观众问："昨天新上映的电影《×××》你看过了吗？"如果你回答没看过，话题可能就此终结。但我们可以说："最近比较忙，还没来得及看，讲的什么，好看吗？不介意剧透的宝宝们可以给我讲一讲哦。"当我们把话题反抛给他们时，对方会很高兴地为你分享自己的所见所闻和所思所感。参与讨论的人越多，直播间的氛围就会越热烈，也越能吸引用户长时间停留。

【知识拓展】

如何提升控场能力

（1）提前确定好直播流程

场控需要在直播前确认好直播流程，如抽奖的时间、分享的主题、分享的干货、产品排期等都需要提前确认后，提前写好一张小纸条，或准备好电脑来做提示。

（2）熟悉产品

场控首先需要了解自己所推广的产品，不仅要熟悉产品的性能、参数等文字介绍，更要实际操作，看看是否真如商家宣传的那样。在主播不熟悉的情况下，可以代替主播在镜头面前讲解产品，这样的话可以避免由于主播的不熟悉导致粉丝流失。

（3）带动节奏和气氛

有时候直播间的氛围不太理想，这时场控需要通过引导粉丝互动，帮助主播活跃气氛，加快点赞频率，提升直播间热度。

（4）及时反馈数据给主播

场控需要实时关注直播间粉丝反馈和直播产品的数据反馈，如某款产品卖得很好，则提醒主播继续播，否则需要主播马上播下一款，以免直播间粉丝流失。

（5）保证供应链

直播电商始于直播，终于供应链。不管直播间特效多绚、主播口才多棒，消费者最终还是看商品好不好、价格贵不贵，背后考验的还是供应链的能力。场控需要掌握好商品库存，以免出现粉丝下单后不能发货的情况。

五、直播间互动与转化技巧

（一）直播间互动技巧

1. 直播带货互动之积极回答观众问题

直播过程中，经常有很多观众对主播提出多方面问题。比如主播的穿搭有什么技巧？主播的妆容是怎么化的？什么肤质的人可以用这款护肤品？产品适用于哪些人？具体什么身高、什么体重的人合适？还会有人重复地问同样的问题，这个时候主播一定要有耐心，要及时回答，不耐烦的态度易导致脱粉。对于一些不当言论，如骚扰类问题，可以选择无视、不回答，在直播间进行正确的价值观和言论引导。

2. 直播带货互动之连麦互动

粉丝和主播的连麦互动，不仅有助于提升直播间热度，调动直播间氛围，提高粉丝的积极性，还会帮助主播塑造权威性和专业度，增加直播间粉丝的活跃性。两个人连麦后，还可以一起进行直播间的互动推广，联合起来带货。

3. 直播带货互动之向粉丝提问、请教

有能力、有知识的人很多，在直播时，如果主播遇到了一个答不上来的问题，可以在直播间向粉丝请教，让粉丝帮你回答。回答后可以适当回报一些奖励，提升粉丝的参与感。

另外，可以像拉家常一样和粉丝互动。例如，大家平时都看什么电影？有没有好电影推荐？小伙伴们想要这个赠品吗？想要的扣1，等等，让更多的人参与到直播互动中来。

4. 直播带货互动之展示才艺

直播带货互动时，主播除了讲解产品，也可以用自己的才艺去感染用户。如唱歌、跳舞等，吸引大家的注意力，提升直播间人气，让更多的人进入直播间，这样才有可能提升带货转化率。

（二）直播间转化技巧

1. 选品技巧

直播带货最终的目的就是转化，如果转化率不高，那么主播就得不到商家青睐，不会有下一次合作，所以每一次转化对主播来说都非常重要。对于成长期的主播来说，想要提高转化率，有一个非常重要的准备工作一定要做好，那就是前期选品。

（1）选择符合账号定位、人设定位的产品

新主播没有多少商家资源，可能会觉得有人找我就不错了，管它是什么产品，都先播了再说，这样的做法其实很不利于账号的长期成长。

首先，这不符合粉丝对直播的预期，比如主播的定位是美妆达人，粉丝冲着买美妆产品进到主播的直播间，却看到主播在卖吃的，那粉丝可能很快就会退出直播间，连人都留不住，就更别提去转化了。

其次，如果主播什么都卖，在初期是不利于主播打造人设的，因为主播的直播间就像一个"杂货铺"，没有特色。想买吃的的观众会去看美食达人直播，想买穿的会去看穿搭达人的直播，"杂货铺"主播就很难给观众留下深刻印象，无法建立起自己在观众心中的KOL"标签"。

所以在积累粉丝的阶段，先把自己的人设立稳才是最重要的。

（2）选择品质过关的产品

品质是俘获消费者的关键。如果主播带的货品质不好，那么消费者不会买单，或者即便买了一次，也不会再有下一次。

为了保证产品品质，建议主播选品时最好都要自己亲自试用过，这样既能看出产品品质是否如商家描述一般可靠，也能更真实地向观众描述产品体验，增加推荐的真实度和感染力。

（3）选择性价比高的产品

性价比高、客单价低的产品，更容易打动观众去购买。因为这样的产品对消费者来说，试错成本低，即便买回去觉得亏了，也就几十块钱的事儿。所以建议主播在刚开始带货时，先别考虑客单价在百元以上的产品，能把货卖出去是最重要的，至于利润的高低，等成为大主播之后再去考虑。

（4）选择有销售基础的产品

如果产品本身就有一定的销量，说明产品本身品质还可以，且获得了消费者的认可。这类产品更容易令直播间的观众产生信任感，也更容易带动消费者的从众心理，从而产生购买行为。

（5）选择符合粉丝画像的产品

一般粉丝画像都可以通过数据获得，如粉丝年龄段、地域、性别等信息。根据粉丝画像去分析粉丝需求，再根据需求去选择产品，这样粉丝的购买率会更高。

（6）选择热门产品

可以利用第三方数据软件去查看哪些是热门产品。比如直播商品中哪些产品的销量好？哪些产品被点击的次数多？根据这些数据，我们就能够获得高销量产品的名称、品类、单价、来源等各项信息，然后再根据自身定位去筛选合适的直播产品。

另外，在节假日等特殊时期，一些热门产品是基本固定的。比如端午节的粽子、中秋节的月饼、冬天的手套、夏天的便携风扇等。

总而言之，选品是非常考验主播市场敏感度、数据分析能力以及职业素养的一个环节，合适的选品能帮助主播有效地提高直播间的销售转化率。

2．引导关注

首先记住一些常规的引导台词。比如"关注主播不迷路""进来的小伙伴没有关注主播的，点手机左上方的【关注】哦"等，主播要把这些引导语随时挂在嘴边，过几分钟就要说一遍。由于在直播过程中随时会有人进入直播间，主播不能放弃任何一个被关注的机会。有时主播在讲解产品时，忘了或没时间做一些引导动作，可以让助手偶尔在旁边提醒，还可以通过关注截图抽奖的方式来引导。这些基础的直播互动技巧、引导话术，主播都要不断重复，提醒粉丝注意。

3. 带货成交技巧

（1）限时秒杀

例如，在直播间对观众进行价格指导，平时购买这个产品多少钱，现在在直播间购买，领完优惠券后又变成多少钱，现在该商品秒杀售价多少钱，几分钟内限时抢购，限时限量，售完即止。

（2）竞品的性价比对比

当在直播间讲解商品时，不要一味地说产品好到什么程度，这样粉丝也不会太相信，可以和其他平台的价格对比一下。在直播间卖货，粉丝对价格很敏感。无论是卖美妆、服装，还是各种日用品，大多数都是刚需产品，淘宝、天猫、京东、拼多多平台上都有很多。主播除了介绍产品的成分、使用效果等，还应通过竞品、性价比对比来体现价格优势。

（3）创造抢购气氛

主播、助理、场控可以在直播间用喇叭共同营造抢购气氛。主播首先说明这款产品只能抢购，限时限量，本场直播卖完即止，并且是成本价出单，老板不赚钱等，这样做有利于促使用户下单抢购。

直播带货并不能一蹴而就，它是一个循序渐进的过程，也是一个让用户从陌生到熟悉到信任再到购买的过程，而直播带货的互动与转化技巧在其中扮演着重要角色。

4. 提升直播间转化率的注意事项

直播带货的玩法众多，让观众能了解自己所喜欢的产品，同时还能直观地看到更多的人也对该产品产生兴趣，若是商品数量有限，抢购行为就是观众产生冲动消费的一个信号。直播间的互动活动，在为客户提供方便的同时也能干扰客户的选择，从而使其更容易产生购买行为。

一个直播运营团队存在的目的就是提高直播间的销量，很多运营团队的想法很美好但是往往都被现实所打败。一场直播下来，成交量仅有几十单，和别的直播间上百万的业绩有着天壤之别。效果为什么不好呢？一般情况下主要是因为以下细节没做到位。

（1）主播口述

对很多刚开启直播间的企业来说，基本上都会高价聘请达人主播，企业管理都认为，达人主播有流量、有口碑，这样的主播来帮忙卖货，流量自是不用愁。其实不然，达人主播的效果并没有那么好，企业即便找对了主播，最高也只能保证五成的效果，剩下五成还需要直播环节来提升。

商品的知名度、价格优势、主播与产品的适配度、主播粉丝需求与产品是否有重合都与主播的口述效果息息相关。一款没有知名度、没有质量保证的商品，是不会有好销量的。商品需要有卖点、有优势，主播才能够抓住这些进行商品推荐，并最终落实到商品真实效果，观众才会愿意买单，主播的描述才会更有底气。

(2）商品展示

直播卖货的受众大多是通过手机进行观看，在巴掌大的屏幕内要想清晰地展示商品，就需要给商品大量的特写，完整地、全面地展示商品各个细节，这也是一个卖货技巧。

有的直播间链接从开始挂到结束，有的是商品介绍完了才上链接。笔者比较倾向于从开始就把链接挂在直播间，并不是所有用户都有时间听完主播介绍的。除了抢购限时限量的商品，用户可能更愿意去商品详情页自己了解商品信息，就算不购买也可以从另外一个方面提高产品的曝光率。

（3）直播方式

现场直播的即时互动性质能够很好地带动直播间观众进行下单。其实销售的关键点就是限时、限量和低价。在有限的时间里购买有限数量的商品，同时价格上也有着平常所没有的优势，这些在很大程度上能刺激消费者参与购买。

（4）功能完善

在微信小程序直播中，商家能够更好地服务于用户，完善的支付体系让用户免除付款不便捷的烦恼。用户在直播间内点击链接即可下单支付，同时用户也可以进行直播间分享，分享后只需要点击分享链接就可以观看直播，无须进行软件下载，省去了很多时间。直播间功能的不断完善有助于提升直播观看体验，提高直播效果，增加转化率。